Fritz – Versteckt · Verbrannt · Verschenkt

Versteckt · Verbrannt · Verschenkt

Kleine Geschichten ums Geld

Mit begleitenden Essays von

Horst Fritz

Inhalt

Die Entfesselung des Geldes. Eine Art Einleitung

In der Mummenschanz-Szene des „Faust II", einer farbenprächtigen Revue phantastischer Masken, erscheint Plutus, „des Reichtums Gott", thronend auf einem vierspännigen Prunkwagen. Das imposante Gefährt wird gesteuert vom Knaben Wagenlenker, dem Genius der Poesie. Zuschauer und Zuschauerinnen erhalten Gelegenheit, das einträchtige Miteinander von Kunst und Reichtum zu bestaunen. Doch wenige Augenblicke später endet die harmonische Beziehung. Plutus entläßt den Knaben aus seinen Diensten: „Bist frei und frank, nun frisch zu deiner Sphäre". Fortan soll die Poesie sich ihre eigene Welt erschaffen, befreit von der „allzulästigen Schwere" der prosaischen Wirklichkeit. Goethe antizipiert hier in knapper bilderstarker Skizze einen folgenreichen historischen Moment. Kunst tritt ein ins Stadium der Autonomie, in den Zustand zunehmender Selbstreferenz, in dem sie dann zur modernen Kunst werden kann. Doch die Emanzipation des Ästhetischen hat ihre Tücken. Zwar gewährt Plutus dem Genius der Poesie die Freiheit, freilich vertreibt er damit auch den „Lenker" des Wagens, auf dem er selbst sich künftig fortbewegen wird. Nicht nur die Kunst, auch der Reichtum wird autonom und kann sich je nach Bedarf von externen Vorgaben freimachen. Entkoppelt vom humanen Telos der Poesie findet er nun Gelegenheit, eigensinnig und rücksichtsloser als zuvor eigene Ziele zu verfolgen. Die fatalen Folgen der Trennung von Plutus und Lenker treten sogleich zutage. Nach den Abschiedsworten des Knaben macht der Gott des Reichtums sich über eine auf dem Prunkwagen mitgeführte Truhe her, eine Schatzkiste, angefüllt mit goldenen Pokalen und wertvollem Geschmeide: „Nun ist es Zeit die Schätze zu entfesseln!" Mag Plutus vielleicht noch glauben, er könne sich nach dem Öffnen der Truhe an seinen Schätzen erfreuen, so wird er bald eines Schlechteren belehrt. Mephistopheles, in der Maske des Geizes fast unbemerkt auf dem Prunkwagen mitgereist, ergreift das Heft des Handelns und sorgt kraft diabolischer Magie für eine folgenreiche Verwandlung. Kaum hat Plutus die Truhe geöffnet, so schmelzen die goldenen Pokale, Kronen, Ketten und Ringe wie in einem Rennofen dahin und verwandeln sich in simple Geldstücke: „Gemünzte Rollen wälzen sich.- / Dukaten hüpfen wie geprägt". Die exquisiten Erzeugnisse der Goldschmiedekunst, ästhetische Gebilde von hohem Erinnerungswert und starker religiöser wie weltlicher Symbolkraft, verwandeln sich in gleichförmiges Münzgeld. Aus ihnen verschwanden die individuellen Merkmale, denen die Schmuckstücke ihr künstlerisches Gepräge verdanken. Die erstaunten Höflinge und Hofdamen werden Zeugen einer fundamentalen gesellschaftlichen Metamorphose, die schon am nächsten Tag ihren Gipfel erreicht, als Mephistopheles den Goldwert ins Fiktive verbannt und das Papiergeld als neue Währung inauguriert. Die Entfesselung der Schätze, von Plutus großspurig und zukunftstrunken verkündet, gebiert im „Papiergespenst der Gulden" ein modernes Geldwesen, das sich mit der Zeit so mancher sittlichen und humanen Fesseln entledigen wird.

Ludwig Bechstein
Der beherzte Flötenspieler

Es war einmal ein lustiger Musikant, der die Flöte meisterhaft spielte; er reiste daher in der Welt herum, spielte auf seiner Flöte in Dörfern und Städten und erwarb sich dadurch seinen Unterhalt. So kam er auch eines Abends auf einen Pachterhof und übernachtete da, weil er das nächste Dorf vor einbrechender Nacht nicht erreichen konnte. Er wurde von dem Pachter freundlich aufgenommen, mußte mit ihm speisen und nach geendigter Mahlzeit einige Stücklein auf seiner Flöte vorspielen. Als dieses der Musikant getan hatte, schaute er zum Fenster hinaus und gewahrte in kurzer Entfernung bei dem Scheine des Mondes eine alte Burg, die teilweise in Trümmern zu liegen schien. „Was ist das für ein altes Schloß?" fragte er den Pachter, „und wem hat es gehört?" Der Pachter erzählte, daß vor vielen, vielen Jahren ein Graf da gewohnt hätte, der sehr reich, aber auch sehr geizig gewesen wäre. Er hätte seine Untertanen sehr geplagt, keinem armen Menschen ein Almosen gegeben und sei endlich ohne Erben (weil er aus Geiz sich nicht einmal verheiratet habe) gestorben. Darauf hätten seine nächsten Anverwandten die Erbschaft in Besitz nehmen wollen, hätten aber nicht das geringste Geld gefunden. Man behauptete daher, er müsse den Schatz vergraben haben und dieser möge heute noch in dem alten Schloß verborgen liegen. Schon viele Menschen wären des Schatzes wegen in die alte Burg gegangen, aber keiner wäre wieder zum Vorschein gekommen. Daher habe die Obrigkeit den Eintritt in dies alte Schloß untersagt und alle Menschen im ganzen Lande ernstlich davor gewarnt. – Der Musikant hatte aufmerksam zugehört und als der Pachter seinen Bericht geendigt hatte, äußerte er, daß er großes Verlangen habe, auch einmal hinein zu gehen, denn er sei beherzt und kenne keine Furcht. Der Pachter bat ihn aufs dringenste und endlich schier fußfällig, doch ja sein junges Leben zu schonen und nicht in das Schloß zu gehen. Aber es half kein Bitten und Flehen, der Musikant war unerschütterlich.

Zwei Knechte des Pachters mußten ein Paar Laternen anzünden und den beherzten Musikanten bis an das alte schaurige Schloß begleiten. Dann schickte er sie mit einer Laterne wieder zurück, er aber nahm die zweite in die Hand und stieg mutig eine hohe Treppe hinan. Als er diese erstiegen hatte, kam er in einen großen Saal, um den ringsherum Türen waren. Er öffnete die erste und ging hinein, setzte sich an einen darin befindlichen altväterlichen Tisch, stellte sein Licht darauf und spielte Flöte. Der Pachter aber konnte die ganze Nacht vor lauter Sorgen nicht schlafen und sah öfters zum Fenster hinaus. Er freute sich jedesmal unaussprechlich, wenn er drüben den Gast noch musizieren hörte. Doch als seine Wanduhr elf schlug und das Flötenspiel verstummte, erschrak er heftig und glaubte nun nicht anders, als der Geist und der Teufel, oder wer sonst in diesem Schlosse hauste, habe dem schönen Burschen nun ganz gewiß den Hals umgedreht. Doch der Musikant hatte ohne Furcht sein Flötenspiel abgewartet und gepflegt; als aber sich endlich Hunger bei ihm regte, weil er nicht viel bei dem Pachter gegessen hatte, so ging er in dem Zimmer auf und nieder und sah sich um. Da erblickte er einen Topf voll ungekochter Linsen stehen, auf einem anderen Tische stand ein Gefäß voll Wasser, eines voll Salz und eine Flasche Wein. Er goß geschwind Wasser über die Linsen, tat Salz daran, machte Feuer in dem Ofen an, weil auch Holz dabei lag, und kochte sich eine Linsensuppe. Während die Linsen kochten, trank er die Flasche Wein leer und dann spielte er wieder Flöte. Als die Linsen gekocht waren, rückte er sie vom Feuer, schüttete sie in die auf dem Tische schon bereit stehende Schüssel und aß frisch darauf los.

Jetzt sah er nach seiner Uhr und es war um die zwölfte Stunde. Da ging plötzlich die Türe auf, zwei lange schwarze Männer traten herein und trugen eine Totenbahre, auf der ein Sarg stand. Diesen stellten sie, ohne ein Wort zu sagen, vor den Musikanten, der sich keineswegs im Essen stören ließ, und gingen ebenso lautlos, wie sie gekommen waren, wieder zur Türe hinaus. Als sie sich nun entfernt hatten, stand der Musikant hastig auf und öffnete den Sarg. Ein altes Männchen, klein und verhutzelt, mit grauen Haaren und grauem Barte lag darinnen; aber der Bursche fürchtete sich nicht, nahm es heraus, setzte es an den Ofen und kaum schien es erwärmt zu sein, als sich schon Leben in ihm regte. Er gab ihm hierauf Linsen zu essen und war ganz mit dem Männchen beschäftigt, ja fütterte es wie eine Mutter ihr Kind. Da wurde das Männchen ganz lebhaft und sprach zu ihm:„Folge mir!“ Das Männchen ging voraus, der Bursche aber nahm seine Laterne und folgte ihm sonder Zagen. Es führte ihn nun eine hohe verfallene Treppe hinab und so gelangten endlich beide in ein tiefes schauerliches Gewölbe.

Hier lag ein großer Haufen Geld. Da gebot das Männchen dem Burschen: „Diesen Haufen teile mir in zwei ganz gleiche Teile, aber daß nichts übrig bleibt, sonst bringe ich dich ums Leben!“ Der Bursche lächelte bloß, fing sogleich an zu zählen auf zwei große Tische herüber und hinüber und brachte so das Geld in kurzer Zeit in zwei gleiche Teile, doch zuletzt – war nur noch ein Kreuzer übrig. Der Musikant aber besann sich kurz, nahm sein Taschenmesser heraus, setzte es auf den Kreuzer mit der Schneide und schlug ihn mit einem dabei liegenden Hammer entzwei. Als er nun die eine Hälfte auf diesen, die andere auf jenen Haufen warf, wurde das Männlein ganz heiter und sprach: „Du himmlischer Mann, du hast mich erlöst! Schon hundert Jahre muß ich meinen Schatz bewachen, den ich aus Geiz zusammen-

gescharrt habe, bis einem gelingen würde, das Geld in zwei gleiche Teile zu teilen. Noch nie ist es einem gelungen und ich habe sie alle erwürgen müssen. Der eine Haufe Geld ist nun dein, den andern aber teile unter die Armen. Göttlicher Mensch, du hast mich erlöst!" Darauf verschwand das Männchen. Der Bursche aber stieg die Treppe hinan und spielte in seinem vorigen Zimmer lustige Stücklein auf seiner Flöte.

Da freute sich der Pachter, daß er ihn wieder spielen hörte und mit dem frühesten Morgen ging er auf das Schloß (denn am Tage durfte man hinein) und empfing den Burschen voller Freude. Dieser erzählte ihm die Geschichte, dann ging er hinunter zu seinem Schatz, tat wie ihm das Männchen befohlen hatte und verteilte die eine Hälfte unter die Armen. Das alte Schloß aber ließ er niederreißen und bald stand an der vorigen Stelle ein neues, wo nun der Musikant als reicher Mann wohnte.

Erlösung dem Erlös

Der Held dieses Geldmärchens ist Musiker, ein virtuoser Flöten-spieler, der sein Instrument *meisterhaft* beherrscht. Ein fahrender Geselle, der öffentlich auftritt und damit seinen *Unterhalt* sicher-stellt. Man kann vermuten, daß es sich bei dem eingespielten Erlös zumeist um Geld handelt. Und doch mag es zuweilen geschehen, daß künstlerische Darbietungen auf eine Resonanz stoßen, bei der Monetäres keine Rolle spielt. Der abendliche Aufenthalt im Pach-terhof stellt einen solch exponierten Moment vor Augen. Der für die Nacht vom Pachter *freundlich* aufgenommene und beköstigte Musiker begleicht die ihm erwiesene Wohltat mit einigen *Stücklein auf seiner Flöte*. Man zögert, hier von einem Bezahlvorgang zu sprechen. Zwar erfolgt ein entgeltähnlicher Tausch, doch dieser hat noch das Gepräge freiwilligen Gebens und Nehmens. Er erfüllt die Bedingungen dessen, was Aristoteles den „gerechten Tausch" nennt: Ein wechselseitiger Transfer, der frei bleibt von pekuniären Interessen. Kunst wird zum Medium des Entgelts, ohne daß dabei ihre Integrität Schaden nähme. Ein zwangloses do ut des, dessen Unbefangenheit noch nicht durchs Geldprinzip angetastet wurde. Der Anfang des Märchens berichtet von einem Gabentausch, der gleichsam im Stande der Unschuld verharrt, weil er noch nicht dem latenten Egoismus monetär begründeter Transaktionen gehorcht. Die Musikstücke, die der Flöter dem Pachter zu Ohren bringt, be-dürfen nicht des ökonomischen Äquivalents der Geldstücke.

Der Flötenspieler tritt ans Fenster und schaut in die Nacht hinaus. Seine Blickgebärde stellt sich in eine zentrale Motivtradition der Romantik. Der Fensterblick, der aus der Enge der bürgerlichen

Stube hinausschweift ins Weite und Offene einer unendlichen Landschaft, die verheißungsvoll lockt und Sehnsüchte weckt nach abenteuerlichen Schauplätzen und Begebenheiten. Dessen schönste Ausprägung bietet wohl Eichendorffs Gedicht „Sehnsucht“: Der aus dem offenen Fenster in die sternenklare Sommernacht Hinausschauende, den das Fernweh ergreift, der sich hinausträumt in magische Gefilde einer südlichen Phantasiewelt. Auch dem Flötenspieler bietet sich das charakteristische Setting des romantischen Blicks. Zunächst der *Schein des Mondes*, bei fast allen romantischen Malern und Dichtern ein zentrales Bildmotiv, wenn es darum geht, nächtliche Szenerien mit der Aura magischer Verzauberung zu versehen. Nicht weniger bedeutsam das *teilweise in Trümmern liegende* Schloß, eine jener vielen Ruinen, die, zumeist beschienen vom Mondenschein, in der Romantik allenthalben begegnen. Fensterblick, Mondnacht und Ruinenzauber, eine gewichtige Motivballung, die energisch all die Vorstellungen beschwört, in denen der Sehnsuchtskult der Romantiker sich künstlerisch manifestiert. Doch die romantische Aura scheint im vorliegenden Geldmärchen bereits nachhaltig eingetrübt. Eichendorff erzählt noch von Helden, die traumversunken oder neugierig zu mondbeschienenen Schlössern aufschauen. Dort verschlägt es die Jünglinge in verwirrende Abenteuer, bei denen es um schöne Schloßherrinnen geht, um Liebesfreud und Liebesleid, um geheimnisvolle Besucher sowie um dunkle, vorerst noch ungeklärte Verwandtschaftsverhältnisse. Hier jedoch, kaum daß die romantische Ruine ins Blickfeld gerät, ist sogleich vom Geld die Rede, vom verstorbenen steinreichen Grafen, einem Geizhals, der nicht einmal bereit war, den Armen ein Almosen zu geben. Unversehens kollidiert die mondbeglänzte Zaubernacht mit einem höchst unromantischen Aspekt bürgerlicher

Wirklichkeit, dem Primat des Geldes, jener Realabstraktion, deren Indifferenz und Nivellierungskraft nach landläufiger Meinung geeignet sind, allem Romantischen den Garaus zu machen.

Auf den ersten Blick also ein deutlicher Gegensatz zwischen Romantik und Geldsphäre. Bei genauerem Hinsehen entdeckt man freilich frappante Ähnlichkeiten zwischen beiden Bereichen. Ihr tertium comparationis ist eine Dialektik, für die Novalis die bündige romantische Formel bereithält: „Wir suchen überall das Unbedingte, und finden immer nur Dinge." Für die Sehnsuchtsgebärden und den Entgrenzungsdrang der Romantiker ist dies leicht einzusehen. Man sucht, wie Heinrich von Ofterdingen, die blaue Blume, und doch, unlösbar verstrickt in die Begrenzungen und Endlichkeiten der bürgerlichen Verhältnisse, kann man sie nicht finden. Doch auch das Geldprinzip unterliegt solcher Dialektik. Als wirkungsvolle Wunschmaschine lenkt es die Phantasie in imaginäre Zonen des Begehrens. Was könnte ich mir für noch mehr Geld nicht alles kaufen! Für Schopenhauer ist das Geld ein Proteus, der sich in nahezu jeden Gegenstand unseres Wünschens verwandeln kann. Wie die blaue Blume der Romantik weckt auch das Kapital Sehnsüchte, die nicht ans Ziel gelangen. Die Spannung von Bedingtem und Unbedingtem gilt vor allem für die psychodynamischen Wirkungen des Geldes. Sie stimuliert ein Begehren, das immer mehr will und sich doch stets mit Knappheit, mit begrenzten Mitteln konfrontiert sieht. Johann Nestroy blieb es vorbehalten, den monetären Unendlichkeitsdrang in eines der witzigsten Bonmots des 19. Jahrhunderts zu kleiden: „Die Phönizier haben das Geld erfunden, aber warum so wenig?" Der Verdacht drängt sich auf, daß hinter dem Sehnsuchtskult der Romantiker sich gesellschaftliche Erfahrungen verbergen, die es ohne die allmächtige Wunschmaschine des Kapitals gar nicht gäbe. Im Lichte dieser Überlegungen erscheint es äußerst folgerichtig, daß die Informationen des Pachters den romantischen Blick des Musikers, der noch auf der mondbeglänzten Ruine verweilt, sofort auf das Geld und seine Wirkungen lenken. Eine Art Switching von romantischer Entgrenzung hin zum durchaus verwandten Unendlichkeitspotential des Kapitals, das nicht zuletzt dort seine Wirkungen entfaltet, wo man es hortet, wo man wie der verstorbene Schloßherr zum Geizhals entartet. Diesem Typus des Schatzbildners widmet Karl Marx im „Kapital" ein eigenes Kapitel, in welchem er Schatzbildung als endlosen Prozess ohne „immanente Grenze" bestimmt. Das unermüdliche Horten entzünde sich am „Widerspruch zwischen der quantitativen Schranke und der qualitativen Schrankenlosigkeit des Geldes", es entarte zur „Sisyphusarbeit der Akkumulation". Ohne große Umschweife ließe sich solche Terminologie auf den romantischen Unendlichkeitsdrang anwenden. Kein Wunder, daß Marx sich nicht scheut, dem Schatzbildner das romantische Flair eines Abenteurers zu verleihen, der ins Unbedingte strebt und doch immer nur auf Bedingtes trifft: „Es geht ihm wie dem Welteroberer, der mit jedem neuen Land nur eine neue Grenze erobert." Und noch ein weiteres Kriterium des Schatzbildners erfüllt der gräfliche Knauser. Von ihm heißt es, er habe *aus Geiz sich nicht einmal verheiratet* und sei schließlich ohne Erben gestorben. Eine innerweltliche Askese, die vermuten läßt, daß es diesem Leben nicht nur an Empathie, sondern auch an den Freuden der Sinnenlust mangelte. Auch hierfür liefert Marx die griffige Formel: Der Schatzbildner opfert „dem Goldfetisch seine Fleischeslust. Er macht Ernst mit dem Evangelium der Entsagung."

Der gastfreundliche Pachter beendet seine Ausführungen zur Burg und zum Schicksal des gräflichen Geizhalses mit dem Hinweis, der Zugang zur Ruine sei von der Obrigkeit untersagt worden, weil bislang keiner der bisherigen Schatzsucher wieder zurückkehrte. Das Märchenmotiv des unzugänglichen verwunschenen Schlosses scheint wiederzukehren, doch hier waltet nicht der magische Zauberbann von Dornröschens Dornenhecke, sondern das Abstraktum einer behördlichen Verfügung, der es darum geht, die Menschen vor sich selbst zu schützen. Schon viele waren *des Schatzes wegen in die alte Burg gegangen* und dann verschollen. Die phantasmagorischen Sehnsuchtsziele der romantischen Helden haben ihren Zauber verloren. Allzu mächtig war der verführerische Lockruf des Geldes, dem die Suchenden folgten, und sei es um den Preis des eigenen Untergangs. Beim Flöter hingegen scheint die Motivlage weniger eindeutig. Wo der Beherzte seinen Wunsch artikuliert, *auch einmal hinein zu gehen*, erwähnt er mit keinem Wort den Schatz. Er scheint sein Unterfangen vielmehr als eine Art Mutprobe zu begreifen, schließlich sei er *beherzt und kenne keine Furcht*. Er rückt hier eher in die Nähe jenes grimmschen Märchenhelden, der auszog, das Fürchten zu lernen, und dem Bechstein im Märchen „Das Gruseln" einen zweiten Auftritt ermöglicht. Der Wunsch, das alte Schloß zu betreten, gründet demgemäß im Mut, im Beherztsein des Flöters und weniger in der Fixierung aufs Geld. Gerade hier wird man die Metapher des Herzens ernst nehmen müssen. Sie steht für ein personales Zentrum, dessen emotionale und seelische Integrität sich noch nicht aufs Pekuniäre verengt hat. Der Flöter verfügt mithin über eine mentale Disposition, die für das Abenteuer auf dem Schloß Erfolg und für das gesamte Märchen ein glückliches Ende erwarten läßt.

Bei den vielen Menschen, die zuvor *des Schatzes wegen* in die alte Burg eindrangen, wird man vermuten können, daß sie, ihr pekuniäres Ziel fest vor Augen, sich sogleich auf die Suche nach dem Geldversteck machten. Nicht so der Flöter, der sich eher in einer fast schon häuslichen Gemütlichkeit einzurichten scheint. Im *großen Saal* wecken nicht, wie man erwarten könnte, die geheimnisvollen Türen seine Neugier, stattdessen setzt sich der Musikant schon nach Durchschreiten der ersten Tür an den *altväterlichen Tisch* und beginnt zu musizieren. Selbst nach beendetem Flötenspiel treibt nicht Geldgier ihn zu weiteren Aktionen, sondern Hunger. Leibliches Wohlergehen hat Vorrang, ein Begehren weit entfernt vom Evangelium der Entsagung. Das Kochen der Linsensuppe gerät zur lebenspraktischen Verrichtung, in der eine Urszene menschlicher Bedürfnisbefriedigung aufscheint, das Zubereiten der Nahrung an der Feuerstelle, hier noch ergänzt durch den Weingenuß, womöglich der Hinweis auf bereits verfeinerte Zustände menschlicher Kultur und Zivilisation. Dem Motiv der *Linsen* kommt dabei erhebliche Bedeutung zu. Im Volksglauben symbolisieren Linsen oftmals Geldmünzen, eine beim Blick auf ihre äußere Form durchaus naheliegende Assoziation. Das Thema Geld wird motivisch präludiert, freilich in einer sehr spezifischen Akzentuierung. Als Lebensmittel, im unmittelbaren wie auch im weitesten Verständnis, bleibt Monetäres eingebunden in sinnvolle menschliche Praxis. Es hat sich noch nicht von leiblichen Bedürfnissen abgelöst, es steht alternativ zum gräflichen Geizhals, dem asketischen Schatzbildner, der zwanghaft dem Geldfetisch seine leiblichen Bedürfnisse opferte. Der weitere Verlauf des Märchens läßt sich nun erahnen. Es geht um die Aufhebung der Entfremdung des Geldes, um eine restitutio in integrum, die das Geldprinzip wieder in den Dienst menschlicher Bedürfnisse und humaner Praxis stellt.

Die *zwölfte Stunde* ist bekanntlich die Zeit der Geister und Gespenster. Um Mitternacht dringt das Andere der taghellen Vernunft in die vermeintlichen Sicherheiten der bürgerlichen Ordnung. Unzählige Belege aus Dichtung und bildender Kunst ließen sich nennen. Als wahrhaft klassisches Exempel mag hier die Mitternachtsszene aus Goethes „Faust II" gelten, jener Moment, da gegen Ende des Dramas die graue Gestalt der Sorge durchs Schlüsselloch eindringt und den alten Faust in seinem Palast heimsucht. In einem bilderstarken Katalog, dunkel-raunend vorgetragen, stellt die ungebetene gespenstische Besucherin dem Hausherrn die seelischen „Finsternisse" eines sorgenvollen Daseins vor Augen, darunter eine Befindlichkeit, die auch den gräflichen Geizhals heimsucht: „Und er weiß von allen Schätzen / Sich nicht in Besitz zu setzen." Natürlich hat Goethe hier ein breiteres Spektrum moderner conditio humana vor Augen. Doch die Diagnose der Sorge mag auch für den Schatzbildner gelten, der hortet und hortet, aber nicht in der Lage ist, sein Vermögen auf einen geldexternen Mehrwert auszurichten, der ein sinnvolles und lebenswertes Leben gewährleisten könnte. Gerade auf solche Möglichkeiten verweist die emphatische Bedeutung, die Goethe dem Wort Besitz verleiht. Sie ist geeignet, das existenzielle Defizit des knausrigen Grafen kenntlich zu machen. Auch für Kapitalvermögen mag gelten, was Goethe allen Erben mit Blick aufs Ererbte ins Stammbuch schreibt: „Erwirb es, um es zu besitzen." Es geht um ein tätiges Sich-Mühen in der Welt, das aus dem Besitz weit mehr macht als pure Kapitalhortung, weit mehr als jenes Schatzbilden, mit dem etwa Richard Wagners Fafner sich zufrieden gibt: „Ich lieg und besitz – (gähnend) / laßt mich schlafen!" Goethe begreift Besitz als Resultat eines gelingenden Aneignungsprozesses, der das Ererbte in sinnvoller, weltbezogener Tätigkeit für die eigene Lebensbildung nutzt und damit auf humane Ziele ausrichtet. Wer diese Möglichkeiten nicht wahrzunehmen weiß, der gerät in einen Zustand, den die Sorge mit kathartischer Wucht dem wenig später erblindenden Faust zur Kenntnis gibt: „Er verhungert in der Fülle". Unschwer könnte man diese Diagnose auch dem gräflichen Geizhals des Märchens stellen, dem einsamen knausrigen Asketen, der im tiefen Kellergewölbe sein großes Vermögen verwahrt.

Die zur Geisterstunde von den schwarzen Männern im Saale abgestellte *Totenbahre* scheint den Beginn einer Schreckensnacht anzukündigen. Doch die beherzten Aktionen des Flöters, durchgeführt mit der Selbstverständlichkeit alltäglicher Verrichtungen, lenken das Geschehen recht bald ins Versöhnliche. Das Öffnen des Sarges gibt den Blick frei auf die Leiche des Schloßherrn. Diese präsentiert sich *klein und verhutzelt*, in einem Zustand, den man freilich nicht nur als Resultat des Vermoderns deuten mag. Der Gedanke liegt nahe, daß hier die leibfeindliche Askese des Grafen sich zum letalen Bildsymbol formte. Um dessen Kontrafaktur geht es bei den weiteren fürsorglichen Aktionen des Flöters. Die Todesstarre löst sich am wärmenden Ofen, sogar ins Leben kehrt der Alte zurück. Nachgerade hingebungsvoll, *ganz mit dem Männchen beschäftigt*, sorgt der Musiker sich um den wiedererstandenen Grafen. Wo er sogar den Alten füttert, *wie eine Mutter ihr Kind*, dort steigert sich das Gebärdenspiel zeichenhaft zur Pathosformel, die das Urbild der Alma Mater, den Inbegriff des Umsorgens und Beschützens aufruft. Dem leibfeindlichen Wesen des Grafen, auch seiner Unfähigkeit zum Mitgefühl, ersteht in der wie selbstverständlich gewährten Fürsorge ein markantes humanes Gegenbild.

Der Gang in die Kellerräume des Schlosses, eingefordert vom wiedererstandenen, *ganz lebhaft* gewordenen Alten, scheint nun doch Schlimmes zu verheißen. Die *hohe verfallene Treppe* signalisiert eine Katabasis in bedrohliche Tiefen, den Abstieg in ein *tiefes schauerliches Gewölbe*. Als habe man sich in die Schlösser der Schauerromane verirrt, in deren Verliesen mit schöner Regelmäßigkeit grausamste Verbrechen der unterschiedlichsten Art begangen werden. Auch an die bedrohlichen labyrinthischen Carceri eines Piranesi ließe sich denken. Hier jedoch dient der schauerliche Raum als Versteck einer beträchtlichen Geldsumme. Der Schluß liegt nahe, daß es sich dabei um Gold- und Silbermünzen handelt, die der Graf *vor vielen, vielen Jahren*, noch vor dem Aufkommen des Papiergeldes, dort unten im Gewölbe hortete. Damit gerät die Katabasis zur Erinnerungsspur jener kollektiven bergbaulichen Anstrengung, mittels derer die Menschen seit ältesten Zeiten in die Gesteinstiefen der Erde eindrangen, dort nach Gold und Silber suchten, in der Hoffnung, so der antike Autor Athenaios in seinem „Sophistenmahl", den „Pluton selbst aus dem Innern der Erde zu ziehen." Es verwundert kaum, daß Karl Marx im erwähnten Kapitel über Schatzbildung diese Stelle fast genüßlich zitiert. Er wertet sie als frühe Vorahnung einer modernen bürgerlichen Gesellschaft, die, wie er hinzufügt, „im Goldgral die glänzende Inkarnation ihres eigensten Lebensprinzips" begrüßt.

Vor dem Hintergrund der Kollektivgeschichte des Goldschürfens gewinnt die erfolgreiche Geldteilung des Flöters ihr Profil. Sie stellt sich dar als strikte Alternative zur Verdinglichung des Geldprinzips, in deren Verlauf aus dem bloßen Mittel Geld ein fataler Endzweck wurde: Profit lediglich um des Profits willen. Die vom Alten gestellte Aufgabe gemahnt, wenn auch im Kleinformat, an die Arbeiten des Herakles, bei deren Nichtbewältigung Untergang und Verderben drohen. Und wie beim antiken Halbgott ist es auch hier der geniale rettende Einfall, der den Erfolg bringt. Doch nun ist kein Augiasstall mehr da, den es durch den herkulischen Kraftakt einer Flußdurchleitung auszumisten gilt. Der dem Flöter gestellte Aufgabenbereich hat sich verlagert in die Bezirke des Rechenhaften, auf die abstrakte Ebene präziser Zahlenverhältnisse. Doch der Geldhaufen läßt sich partout nicht in der erwünschten Genauigkeit teilen. Eine Kreuzermünze bleibt übrig, gleichsam ein winziger Störenfried, der die anbefohlene mathematische Symmetrie vereitelt. Alle bisherigen Schatzsucher waren an dieser Asymmetrie gescheitert. Dies vor allem, weil ihr Denken im Bereich abstrakter mathematischer Proportionen verblieb. Sie waren unfähig, den magischen Bann des Rechenhaften zu zerschlagen. Der Musiker hingegen, sobald er, den Kreuzer vor Augen, die heikle Asymmetrie bemerkt, ist in der Lage, aus dem Systemzwang des bloß Rechnerischen herauszutreten und das Problem lebenspraktisch anzugehen. Das nachgerade handwerkliche Zerteilen der Münze, der Schmiedearbeit weit näher als allem Berechnen, gibt praktischem Handeln den Vorrang vor der Realabstraktion des Geldes. Das Entzweischlagen mit dem Hammer beschädigt massiv den numerischen Geldwert der Münze, doch zugleich öffnet es zukünftige Spielräume für einen sinnvolleren Status des Geldes in der Welt.

Du himmlischer Mann, du hast mich erlöst! Das Pathos dieser Danksagung lenkt den Blick ins Feld theologischer und mythischer Bedeutungen. Der Flöter, versehen mit den Attributen des Himmlischen, wird erhöht zum Erlöser, zum Soter, dem es aufgegeben ist, die Sündhaftigkeit der Welt zu heilen. Die letzten Worte des nun glücklichen Alten bekräftigen fast schon hymnisch dieses Denkbild: *Göttlicher Mensch, du hast mich erlöst!* Die christliche Vorstellung vom Mensch gewordenen Gott verbindet sich mit dem antikmythologischen Bild vom Halbgott, der wie Herakles die Übel der Welt bekämpft. Derlei Zuschreibungen verleihen dem beherzten Jüngling nachgerade mythopoetische Konturen. Der Flöter reiht sich ein in die illustre Reihe bedeutender Unterweltfahrer. Orpheus stieg hinunter zum Hades, um seine Eurydike zu befreien. Er war der bekannteste Musiker seiner Zeit. Herakles verschlug es während der Zerberus-Episode in die schauerlichen Tiefen der Unterwelt. Wie stets bewältigte er die ihm gestellte Aufgabe mit Erfindungsreichtum, Tatkraft und Entschlossenheit. Christus fuhr nieder zur Hölle, er erweckte die Toten und erlöste gemäß christlicher Lesart die Menschheit vom Übel. Die Gestalt des Flöters vereint, wenn auch in märchenhaftem Kleinformat, wichtige Attribute der drei Genannten: Abstieg in die schauerliche Tiefe, meisterhafte musikalische Darbietung, geistesgegenwärtiges Zupacken und schließlich Erlösung, zwar nicht der ganzen Menschheit, aber doch eines einzelnen Menschen.

Natürlich kann, was die Tat des Flöters angeht, von mythischer Größe und umfassender Erlösung keine Rede sein. Doch darf das vom beherzten Jüngling Geleistete in seiner Wirkung nicht unterschätzt werden. Der alte Geizhals wurde aus einer hundertjährigen

Gefangenschaft befreit, aus der fatalen Bindung an den zusammengescharrten Schatz. Und auch dem Geldprinzip selbst wird eine Erlösung zuteil, welche die lähmende Selbstreferenz der Geldsphäre aufbricht. In diesem Zusammenhang kommt der Vorstellung des Teilens beträchtliche Bedeutung zu. Sie betrifft zunächst das erfolgreiche Agieren des Flöters, der wie ein Schmied das Metall der Münze zerteilt, eine Aktion, die den reinen Geldwert des Kreuzers außer Acht läßt und sich an der Materialität des Geldstücks orientiert. Erst diese Erlösungstat, geleitet vom Primat sinnlicher Erfahrung, führt zur Befreiung des Geldes. Das Kapital kann nun der Tiefe entrissen werden, in der es wie unter einem Zauberbann sinnlos gehortet lag. In urszenischer Reminiszenz wird hier das Gold zum zweiten Mal der plutonischen Tiefe entrissen, nun freilich nicht mehr zum Zwecke sinnlosen Schatzbildens, sondern als Wegbereiter humaner Praxis. Es findet Gelegenheit, das Schloß des gräflichen Geizhalses zu verlassen und sich wohltätig in die Welt zu begeben, nach Maßgabe der Anweisungen des Alten. Diese haben durchaus den Charakter eines mündlichen Testaments, das auf kluge Weise dem Geldprinzip lebenspraktische und humane Ziele vorgibt. Bei der Vollstreckung der Verfügung bringt sich abermals das Motiv des Teilens auf gewichtige Weise zur Geltung. Der Geldschatz soll aufgeteilt werden zwischen dem Flöter und den Armen. Die Erlösung des Geldes, durchaus in enger Fühlung mit dem glücklichen Ende eines Märchens, eröffnet Perspektiven einer künftigen Gesellschaft, in der das Kapital gerechter verteilt würde. Der Flöter selbst scheint dafür Gewähr zu bieten, weil er seine gelassene Distanz zum Geld beibehält, er beim Anblick des Schatzes nicht, wie so viele Goldsucher in Literatur und Film, außer sich gerät und den Verstand verliert, sondern fähig bleibt, dem Bann des

Geldes zu widerstehen. Schon zu Beginn seines Abenteuers, beim Eintritt ins Schloß, begibt der Jüngling sich nicht sofort auf Schatzsuche. Und so bleibt er auch nach der Entdeckung des Geldes dieser Haltung treu. Ohne auch nur eine einzige Münze einzustecken, steigt er nach oben und spielt im *vorigen Zimmer lustige Stücklein auf seiner Flöte.*

Der Schluß des Märchens informiert kurz über die wichtigsten Aspekte und Folgen der Testamentsvollstreckung. Der aus hundertjähriger Kerkerhaft befreite Schatz kommt je hälftig dem Flöter und den Armen zugute. In den Genuß des Geldes gelangt neben der Einzelperson des Jünglings mithin jene soziale Gruppe, die der finanziellen Wohltaten am dringendsten bedarf. Bleibt bei den Armen der konkrete Verwendungszweck weitgehend im Ungefähren, so wird er beim Flöter deutlicher benannt: Abriß des alten Schlosses und Errichtung eines neuen, genau *an der vorigen Stelle.* Das biblische „Siehe, ich mache alles neu!" kehrt wieder auf bautechnischer Ebene. Zwar geht es nun nicht mehr um das neue Jerusalem der „Offenbarung", um „die Hütte Gottes bei den Menschen", gleichwohl eignet dem Neubauprojekt des Flöters etwas Epochales. Schon zu Lebzeiten des gräflichen Geizhalses war das Schloß der böse Ort einer durch Geldgier befeuerten Inhumanität, Wohnsitz eines Landesherren, von dem es zu Beginn heißt, er habe nicht nur den Armen die Almosen verweigert, sondern auch *seine Untertanen sehr geplagt.* Das Errichten des neuen Schlosses gerät demgemäß zur raumsymbolischen Sühnetat, die den Bann des Alten zerschlägt und einer besseren Zukunft den Weg bereitet. Womöglich könnte man dies als Morgenröte einer revolutionären Stimmung deuten, die einiges an sozialem Sprengstoff in sich trägt. Doch derlei Gedanken verflüchtigen sich rasch, wo der Text am Schluß eher lakonisch mitteilt, daß nun der Flöter das neue Schloß *als reicher Mann* bewohnt. Die Entsühnung des Geldes kommt nicht im revolutionären Gewande einher, sie verharrt im Genrebild eines Reichen, von dem man zu seinen Gunsten bestenfalls hoffen und vermuten kann, daß er in seinem Handeln sozialer und weniger geldgierig sein werde als sein gräflicher Vorgänger. Die Inhumanität des Geldes erfährt ihre milde Korrektur aus dem Geiste des Biedermeier. Zu ähnlichen Schlußfolgerungen scheint schon Ludwig Richter gelangt zu sein, der erste Illustrator des Märchens. Seine Zeichnung zeigt den Flöter, wie er behaglich aus dem Fenster seines neuerbauten Schlosses schaut, wobei der Bildausschnitt allerdings verengt bleibt auf das Fenster selbst und eine vor der Sonne schützende Markise. Von aufwendiger und prächtiger Schloßfassade keine Spur, unschwer könnte man vermuten, der Flöter lehne sich gemütlich aus dem Fenster eines schmucken kleinen Bürgerhäuschens. Derlei Assoziationen werden zusätzlich genährt durch die kleinbürgerliche Kopfbedeckung des neuen Schloßherren und das langstielige Pfeifchen, das dieser gerade gemütlich schmaucht. Trat dieses Requisit nun an die Stelle der Flöte? Der Jüngling ähnelt in Richters Deutung jenem Burschen, der in Eichendorffs Gedicht „Die zwei Gesellen" erwartungsfroh und tatkräftig in die Welt strebt, recht bald jedoch zum Kleinbürger mutiert, von dem es schließlich heißt, er schaue „aus heimlichem Stübchen behaglich ins Feld hinaus".

Friedrich Hebbel
Die Kuh

In seiner Wohnstube, die sehr niedrig und auch etwas räucherig war, weil es dem Hause nach dem herkömmlichen Brauch des Dorfs am Schornstein fehlte, saß der Bauer Andreas an dem noch vom Großvater herstammenden alten eichenen Tisch und überzählte vielleicht zum neunten Male ein kleines Häuflein Talerscheine. Er hatte die Pfeife im Munde, und daran konnte man sehen, daß es Sonntag sei, da er sich die mit dem Rauchen verbundene kleine Zeit- und Geldverschwendung bei seiner knappen, ängstlich-genauen Natur an keinem anderen Tage erlaubt haben würde; sie brannte aber nicht und war auch noch gar nicht angezündet gewesen, obgleich das Talglicht, wobei es hätte geschehen sollen, schon lange geflackert haben mußte. Um ihn herum, bald zum Vater auf die Bank kletternd und ihm ernsthaft zuschauend, bald den durch die offenstehende Tür aus und ein wandelnden gravitätischen Haushahn jagend und neckend, spielte sein Kind, ein munteres, braunes Knäblein von zweieinhalb bis drei Jahren. „Den da" – murmelte Andreas und hielt einen der Scheine mit sichtlichem Behagen in die Höhe –„bekam ich für die Fuhre Sand, die ich dem Maurermeister Niclas in die Stadt lieferte, als es wie mit Mulden vom Himmel goß; ich kenne ihn an dem Riß. Ein braver Mann; ich hatte ihm einen Groschen wieder herauszugeben, aber er ließ mir den wegen meiner durchnäßten Haut. Freilich, einen Schnaps habe ich nicht dafür getrunken, wie er wollte!" „Diesen hier" – fuhr er fort – „habe ich am sauersten verdient, es ist der mit dem großen Dintenfleck! Wer dem Apotheker einen ganzen Futtertrog voll Kamillen bringen will, der muß sich oft bücken, und das ist nach dem Feierabend nicht bloß für die Faulen mühsam!" „Der zerfetzte und wieder zusammengekleb-

te" – begann er nach einer Pause von neuem – „ärgert mich jedesmal, wenn ich ihn ansehe, ich werde den Verdruß nicht los. Anderthalb hätten's sein sollen, wenn sie auch nicht ausdrücklich zum voraus bedungen waren. Drei Klafter Holz! Ins Bein hieb ich mich obendrein vor übergroßem Eifer, weil ich's den Leuten gern, ehe der Regenguß kam, in den Keller schaffen wollte! Und ein solcher Abzug! Dabei trägt die Frau goldene Ohrringe, und das Kind weiß nicht, ob es eine Semmel ohne Butter essen will oder nicht!" „Brüllt's nicht schon?" Er sprang auf und eilte ans Fenster. „Nichts da" – sagte er zurückkehrend – „das kam aus dem Stall des Nachbars! Nun, morgen wird aus dem meinigen geantwortet werden! Ja, Junge" – hierbei klopfte er sein Knäblein auf die Wange und reichte ihm eine dem Hahn entfallene bunte Feder – „noch heute erhalten unsere beiden Esel Gesellschaft. Dein Vater hat's endlich soweit gebracht, die Kuh ist schon unterwegs! Du mußt das Pferd schaffen, wenn du groß wirst! Hörst du?" Das Kind nickte, als ob es verstünde, was es doch noch nicht verstehen konnte. Andreas setzte sich wieder an den Tisch. „Freilich, freilich" – begann er abermals, indem er einen Zehntalerschein ergriff, - „es würde noch eine gute Weile gedauert haben, wenn das Glück mich nicht begünstigt hätte! Ha, ha! Das war ein Fischfang, der sich der Mühe verlohnte, obgleich der Fisch nicht zu den eßbaren gehörte. Ei, daß ich doch immer, wie jenen Abend, von ungefähr darauf zukäme, wenn sich einer ersäufen will, und die Rettungsprämie erwischte! Ich bringe jeden wieder ans Ufer, ärger kann sich keiner sträuben, als der Leinweber sich sträubte, er hätte mich fast in den Grund des Teichs mit hinabgerissen! Noch fühl' ich seine Klauen in meinem linken Arm, und ernstlich hat er's gemeint, denn drei Tage nachher schnitt er sich den Hals ab! Doch was gelingt unsereinem nicht, wenn man weiß, daß einem eine Belohnung von zehn Talern gewiß ist! Lange währt's aber, es wird ja schon

Nacht! Daß der Müller meiner Geesche Bier und Brot vorgesetzt hat, kann ich mir nicht denken! Dann müßte sein Profit größer sein, als ich glaubte, und er hätte mich trotz aller Vorsicht angeführt! Ich will einmal vor die Tür gehen!" Andreas stand auf und tat erst jetzt den ersten Zug aus der Pfeife. „Ja so" – rief er aus – „du brennst noch nicht, und ich meine, schon eine halbe Stunde zu schmauchen! Nun, umsonst will ich dich nicht gestopft haben." Er nahm ein altes brüchiges Zeitungsblatt vom Tisch, in das die Scheine eingewickelt gewesen waren. „Jetzt brauche ich's nicht mehr" – sprach er, indem er es beim Licht anzündete – „noch heute geht das Geld aus dem Hause, denn der Müller kommt gewiß mit, ich tät's an seiner Stelle auch!" Er steckte die Pfeife in den Brand und warf das Blatt an die Erde. Das Kind hatte beim plötzlichen Aufflammen desselben mit leuchtenden Augen zugesehen, es rief jetzt: „Ah!" und hob das Blatt wieder auf. „Brenn dich nicht!" sagte Andreas und ging hinaus. Es war völlig finster geworden, und der qualmige Nebel, der den Tag über die Sonne verhüllt hatte, verhüllte jetzt die Sterne. „Wo sie nur bleibt!" – murrte Andreas, sich mit dem Rücken verdrießlich an den Türpfosten lehnend – „nun werd' ich bald ungeduldig! Ob sie aufs neue zu dingen angefangen hat? Glück zu, aber vor dem will ich den Hut abziehen, der da noch einen Groschen abzwackt, wo ich den Handel schloß! Ich könnte ihr entgegengehen, doch sie hat den Pflügerjungen bei sich und dann ist hier auch das Kind. Zwar, das könnt' ich zu Bett bringen." Andreas ging wieder hinein. „Satan!" rief er aus und blieb einen Moment mit weitaufgerissenem Munde und fast aus den Höhlen tretenden Augen auf der Schwelle der Stube stehen. Der Knabe kniete auf der Bank, die er erklettert hatte, und verbrannte beim Licht eben mit Frohlocken den letzten Kassenschein; das Flackern des Zeitungsblattes hatte ihm eine unendliche Freude gemacht, aber die Freude hatte nicht lange genug gedauert, und um sie zu erneuern, tat er alles nach, was er vorher seinen Vater, aufmerksam und neugierig zu ihm emporschauend, hatte tun sehen. „Au!“ schrie das Kind nach einer Weile, denn das als letztes zu lange festgehaltene Papier brannte es auf die Finger; „mehr!“ setzte es hinzu, als es, das Auge nach der Tür wendend, den fast versteinerten Andreas erblickte. Dies Wörtchen weckte diesen aus seiner Erstarrung; „mehr, du Teufelsbrut?“ rief er aus, stürzte auf sein Söhnchen zu, faßte es, seiner selbst nicht mehr mächtig, bei den Haaren und schleuderte es ingrimmig gegen die Wand, als ob es eine giftige Schlange wäre, deren Stich er eben gefühlt hätte. „Mehr!“ sagte er dann, „noch mehr, viel mehr,“ und riß den am Ofengestell hängenden neuen Strick herunter, mit dem er die Kuh hatte anbinden wollen, denn ein schneller scheuer Blick zur Wand hinüber hatte ihm gezeigt, daß das Kind laut- und leblos mit geborstenem Schädel und mit verspritztem Gehirn am Boden lag. Er tat einen Schritt vorwärts, aber die Beine wollten unter ihm brechen, und er griff um sich herum in die Luft, wie nach einem Gegenstande, an dem er sich halten könne; da ließ sich in geringer Entfernung von seinem Hause klar und deutlich das so ersehnte Gebrüll vernehmen. Dies schien ihm die Kraft zu einem plötzlichen Entschluß zu geben; er rief „Gute Nacht, Andreas!“ und stürzte mit dem Strick auf die Hausflur hinaus. Hier stand eine Leiter, die auf den Boden führte, von dem er schon am Mittag einen Haufen Stroh zum Streuen für die Kuh vorsorglich herabgeworfen hatte; diese Leiter eilte er so schnell hinauf, daß ihm sein Hut, den er nach Bauernsitte im Hause, wie auf dem Felde trug, darüber entfiel. Nun verschwand er in der Luke und bald darauf knackte der Dachstuhl. Fast in demselben Augenblick wurde es laut vor der Tür. „Nun, Andreas, bist du eingeschlafen“ – rief eine weibliche Stimme – „das pflegst du doch sonst nicht zu tun, eh’ du deine Grütze im Leibe hast!“ „Spring hinein, Hans, und weck' ihn!" Hans, ein nach Art der Mistgewächse lang aufgeschossener, spindeldürrer Junge, tat, wie ihm geheißen wurde, während Geesche die Kuh festhielt. Gleich darauf kam er wieder heraus und stotterte: „Aber Frau, aber Frau!" ohne mehr hervorbringen zu können. „Was ist's? Was gibt's?" rief Geesche, von seiner Leichenblässe und seinem Zähnegeklapper erschreckt, und stürzte hinein. Hans griff nach dem Licht und sagte: „Der Bauer ist nicht da," dann leuchtete er nach dem Ort hin, wo das Kind lag. Mit einem jähen Schrei sank die Mutter um und blieb bewußtlos liegen. Hans verlor die Besinnung nun völlig. „Bauer, wo ist Er? Wo bleibt Er?" rief er wohl hundertmal hintereinander und rannte, das Licht in der Hand, im ganzen Hause, wie toll, umher. Als er aus der Küche zurückkehrte, wo er ins Ofenloch hineingeleuchtet hatte, stolperte er am Fuß der Leiter über Andreas' Hut, der dort niedergefallen war. „Hat Er sich oben versteckt, Bauer?" – rief Hans – „komm Er jetzt nur herunter, wir sind da!" Da keine Antwort erfolgte, stieg er selbst empor. Als er den Kopf in die Bodenluke steckte und, eine neue Leitersprosse ersteigend, Hals und Schultern nachschob, stieß er auf Widerstand, der von etwas herrührte, das ihn anfangs zurückzudrängen, sich dann zu spalten und auseinander zu teilen schien. Der Angstschweiß brach ihm aus, ihn fing zu fiebern an, und ohne zu wissen, daß er's tat, stieg er noch höher. Jetzt war es ihm, als ob sich ein sehr schwerer Mensch, wie zum Reiten, auf seinen Nacken setzte, zwei steife Beine, in denen er an den breiten Messingschnallen der Schuhe die seines Wirts erkannte, kamen, wie Zinken einer Gabel, links und rechts auf seiner Brust zum Vorschein, und durch das eine derselben wurde ihm das Licht aus der Hand gestoßen. Nun stieß er noch einen unartikulierten Laut aus, dann überschlug er sich rücklings, stürzte und brach das Genick. Das Licht war nicht verloschen, ohne vorher den Haufen losen Strohs zu entzünden, und in wenigen Minuten stand das Haus in Flammen. Ob Geesche, als dies alles geschah, aus ihrer Bewußtlosigkeit noch nicht wieder erwacht und willenlos in der auf's schnellste von Rauch und Qualm gefüllten Stube erstickt war, oder ob sie aus Verzweiflung über das fürchterliche Ende ihres Kindes verschmäht hatte, sich zu retten, hat sich nicht ermitteln lassen. So viel steht fest, daß von ihr, wie von Andreas, Hans und dem Knäblein nur ein verschrumpftes Gerippe aus dem Hause herausgekommen, und daß auch die Kuh, dem diesen armen Tieren angeborenen unseligen Trieb folgend, ins Feuer hinein-gelaufen und mit verbrannt ist.

Das Gespenst der Talerscheine

Am Anfang steht eine Zeitungsnotiz, von der Hebbel über einen Freund Kenntnis erhält. Im Tagebucheintrag aus dem Sommer 1843 notiert Hebbel dieses Hörensagen: „Geschichte aus den Zeitungen, die Jahnens erzählte. Ein Mann hat einen beträchtlichen Teil seines Vermögens in Papiergeld bei Licht überzählt. Er geht hinaus und läßt das Licht auf dem Tische brennen. Sein kleines Söhnchen nimmt in seiner Abwesenheit die Kassenscheine, einen nach dem anderen, und verbrennt sie im Licht, weil ihm die Flamme so wohl gefällt. Gerade den letzten steckt es ins Licht, als der Vater zurückkehrt. Starres Entsetzen packt diesen, dann wahnsinnige Wut, er ergreift das Kind bei den Beinen und schmettert es gegen die Wand, daß das Gehirn aus dem Schädel hervorspritzt und der Tod augenblicklich eintritt. Nun Verzweiflung, er nimmt einen Strick, steigt auf den Boden und erhängt sich. Bald darauf kommen die Frau und der Knecht zu Hause. Sie suchen den Wirt und Mann, der Knecht nimmt eine Laterne und steigt damit auf den Boden. Gerade über der Leiter hängt der Tote. Der Knecht entsetzt sich so über den Anblick, daß er sich mit seiner Laterne rücklings überschlägt und den Hals bricht. Die Laterne fällt in einen Strohhaufen, und das Haus geht in Flammen auf. – Es ist ein Bauer, der mit jenen Kassenscheinen eine Kuh, die er gekauft hat und erwartete, bezahlen wollte. Um nachzusehen, ob die Kuh noch nicht komme, verläßt er das Zimmer." – Hebbels Kurznovelle, erschienen 1849, erweitert diese narrative Keimzelle zu einem bedeutungsreichen Geflecht von Symbolen und Bildverweisen, das den Blick auf abgewandte und untergründige Seiten des Geldwesens lenkt.

Der Beginn läßt ein beschauliches bäuerliches Genrebild vermuten. Der alte Eichentisch, vom Großvater ererbt, steht für die Solidität und Dauerhaftigkeit einer Generationenkette, in welche die Gegenwart sich eingebettet weiß. Der kleine Knabe erweitert diese Zeitvorstellung ins Zukünftige, er personifiziert die hoffnungsfrohe Erwartung, die Kette der Geschlechter werde auch künftighin Bestand haben und weiterhin Halt finden in einer fest gegründeten bäuerlichen Welt. Das possierliche Spiel des Kindes mit dem Haushahn entwirft ein idyllisches Ambiente, dessen Wirkung sich vollends entfaltet, wo Andreas, der zufriedene Hausherr und Vater, es sich am Tisch bequem macht. Schaut man freilich genauer hin, dann zeigt sich die gemütliche Szene durchsetzt mit unheilschwangerer Vorbedeutung. Der Schein ländlicher Beschaulichkeit trügt. Unter dem Firnis bäuerlicher Idylle regt sich ein sinistrer Unterstrom. Der niedrige Raum ist *etwas räucherig*. Die Zentralmotive Brandgefahr und Feuer kündigen sich diskret und zugleich nachhaltig an. Das Haus besitzt, *nach dem herkömmlichen Brauch des Dorfes*, keinen Schornstein. Dies scheint für die Bauern jener Zeit und Gegend eine ungefährliche Normalität. Das in Stube und Küche entfachte Feuer gilt als beherrschbar, weil man im Laufe von Generationen den sorgsamen Umgang mit dem gefährlichen Element erlernte. Mit den Worten Schillers: „Wohltätig ist des Feuers Macht, / Wenn sie der Mensch bezähmt, bewacht." Unter derlei Sorgsamkeit fallen auch das brennende *Talglicht* und das sonntägliche Pfeifchen, das sich der Bauer nach altvertrauter Gewohnheit gönnen wird. Doch diesmal ist alles anders. Das Anzünden der gemütlichen Tabakpfeife setzt eine katastrophale Mechanik in Gang, die das bislang so gut gehütete Feuer völlig außer Kontrolle geraten läßt.

Doch von all dem ist der Hausherr noch unberührt. Er ist bester Laune, hat er doch endlich das Geld beisammen, das den Erwerb einer Kuh ermöglicht. Mit *sichtlichem Behagen* beschaut der Vater die Scheine. Gottvater blickte am siebenten Tage zufrieden auf sein Schöpfungswerk und sah, daß es gut war. Auch Andreas, Herr seiner kleinen Bauernwelt, ruht am Sonntag aus von harter Arbeit und beschaut wohlgefällig den finanziellen Ertrag seiner Mühen. Ein glücklicher Moment, der den Banknoten eine geradezu magische Wirkung verleiht, spürbar in der leicht adorierenden Geste, mit der Andreas einen der Geldscheine *in die Höhe* hält: Sursum pecunia. Freilich weist das Wort *Talerscheine* ins Heikle und Ambiguose. In den Depositenscheinen, die zu jener Zeit oftmals als Notgeld unter dem Namen Talerscheine in Umlauf gebracht wurden, hat sich das materielle Substrat der Silber- und Goldmünzen aufgelöst in die Abstraktion des Papiergeldes. Als wolle er sich mit diesem Verlust sinnlicher Erfahrung nicht abfinden, berichtet der Bauer dem Kinde, wie er die Scheine erwarb. Er erzählt von der schweren physischen Arbeit, mit der er sich das Geld verdiente. Er verschafft seinem Körpergedächtnis Einlaß in die abstrakte Indifferenz der Banknoten, in ein Medium, das nicht zuletzt im Vergessen seinen Sinn findet. Dem bloßen Geldschein kann man nicht mehr ansehen, mit welcher Arbeitsleistung der durch ihn bezeichnete Wert erbracht wurde. Er zeigt nicht mehr, mit Karl Marx gesprochen, „die Narben seiner Entstehung". Geld ist ein Erinnern ohne Erinnerungen. Die Abstraktion der Geldform macht vergessen, welche Mühen und persönlichen Entbehrungen der Erwerb mit sich brachte.

Der Bericht über den Erwerb der vier Talerscheine bemüht sich um die Re-Konkretisierung der Geldform. Dies beginnt schon bei den

Banknoten selbst. Die abstrakte Einförmigkeit der Geldscheine wird durch die Zuweisung individueller Merkmale aufgebrochen. Der erste Schein bleibt erkennbar durch einen Riß, der zweite durch einen Tintenfleck, der dritte wurde sogar zerfetzt und wieder zusammengeklebt. Nur der vierte entbehrt solcher Auffälligkeiten, dafür unterscheidet er sich als Zehntalerschein von den anderen durch seinen höheren Geldwert. Es scheint, als stünde dieser Umstand der Zuweisung individueller Merkmale im Wege. Die drei anderen Talerscheine gewinnen so etwas wie eine eigene Physiognomie. An ihnen zeigen sich Spuren einer individuellen, gleichsam persönlichen Geschichte, die sie, jenseits des numerischen Geldwertes, von anderen Banknoten unterscheidbar macht. In der Abstraktion und Geschichtslosigkeit des Geldmediums öffnet sich gleichsam ein Fenster des Erinnerns, das den Blick ins Vergangene lenkt. Die Leserschaft nimmt Anteil an den Anstrengungen und Mühen, die in den puren Geldwert eingingen. Nicht mehr pecunia non olet, sondern Blut, Schweiß und Tränen.

Die Dienstleistungen, die Andreas für den Erwerb der Talerscheine zu erbringen hatte, stellen Arbeit als körperliche Mühsal dar. Zunächst noch in gemäßigter Form beim Anliefern der Fuhre Sand, bei der es *wie mit Mulden vom Himmel goß*. Alsdann die große körperliche Belastung beim Pflücken einer beträchtlichen Menge Kamillen. Schließlich das Zerspalten von drei Klaftern Brennholz, bei dem sich Andreas ins Bein hackt, aus *übergroßem Eifer* und im Bestreben, noch vor dem einsetzenden Regen fertig zu werden. Die Abfolge der Arbeiten entwirft den Prozess einer sich steigernden Versehrung, bis hin zur Verletzung und Preisgabe des eigenen Leibes. Der Arbeitende trägt im wörtlichen Sinne seine Haut und seinen Körper zu Markte. Die größte Summe, einen veritablen *Zehntalerschein,* verdient der Bauer sich freilich mit der Rettung eines Lebensmüden, welche ihm die zu jener Zeit in manchen Regionen übliche Rettungsprämie einbringt. Das Leid und der Lebensüberdruß eines Mitmenschen bewirken, daß Andreas sich vom *Glück* begünstigt fühlt. Das Geldprinzip pervertiert die sittliche Norm. Mit letzter Kraft reißt der Retter den Selbstmörder aus dem Wasser, doch das ihn treibende Motiv ist nicht primär das Überleben des Verzweifelten, sondern die Aussicht auf Geld: *Doch was gelingt unsereinem nicht, wenn man weiß, daß einem eine Belohnung von zehn Talern gewiß ist!* Die Rettung eines Lebensmüden gerät zum *Fischfang, der sich der Mühe verlohnte.* Nicht Hilfsbereitschaft, sondern die Verlockungen des Geldes mobilisieren letzte körperliche Reserven.

Der Erwerb der Scheine konfrontiert den Bauern Andreas mit einigen ökonomischen Facetten der bürgerlichen Welt, hier vertreten durch Maurermeister, Apotheker und eine reiche Familie, in der die Frau *goldene Ohrringe* trägt und das Kind vor dem Luxusproblem steht, ob es die Semmel mit oder ohne Butter essen soll. Die soziovertikale Schichtung ist unübersehbar: Der einfache Handwerker, der Geschäftsmann als Vertreter des Mittelstandes, schließlich die Welt der Reichen. Letztere entbehrt der genauen Spezifizierung. Man erfährt nichts über den Beruf oder die Geschäfte dieses Auftraggebers. Mit soziologischem Feingefühl präsentiert der Text die Welt der Reichen als abgehoben und abgetrennt von konkreter Arbeit. Eine Sphäre, deren finanzielle Basis in der Selbstvermehrung des Kapitals besteht. Der soziovertikalen Schichtung entspricht das unterschiedliche Finanzgebaren der drei Auftraggeber. Der Maurermeister, ein *braver Mann*, gibt einen Groschen Trinkgeld. Der Apotheker, Repräsentant korrekter bürgerlicher Rechenhaftigkeit, zahlt genau den vereinbarten Betrag, nicht weniger, aber auch nicht mehr. Der Reiche zeigt sich knausrig, er entrichtet lediglich einen Teil der zuvor mündlich vereinbarten Summe. Eine Soziologie des Geizes in nur wenigen Zeilen. Nicht zuletzt hat auch die Rettung des Lebensmüden ihre konkreten gesellschaftlichen Implikationen. Es handelt sich um einen *Leinweber*, den Vertreter eines Berufsstandes, in dem sich aktuellste Sozialgeschichte bemerkbar macht. In den vierziger Jahren des 19. Jahrhunderts geriet die Not der Weber zum Symbol schlimmster Ausbeutung. Im Jahre 1844, nur fünf Jahre vor dem Erscheinen von Hebbels Novelle, spricht man überall in deutschen Landen vom Aufstand der schlesischen Weber, einem Miteinander von Maschinenstürmerei und Hungerrevolte. So mancher Zeitungsbericht, poetisch flankiert von den Gedichten Georg Weerths und Heinrich Heines, brachte dieses Geschehen der damaligen Öffentlich nachhaltig ins Bewußtsein. Der Selbstmordversuch des Leinwebers signalisiert eine materielle und soziale Verelendung, bei der zu jener Zeit kaum Hoffnung auf Besserung bestand. Und so bleibt auch die Rettung des Lebensmüden ein vergebliches Unterfangen, *denn drei Tage nachher schnitt er sich den Hals ab!*

Das Hoffen auf bessere Zeiten scheint alle Mühsal und Entbehrung zu lohnen. In seinem Knäblein sieht Andreas diese Zukunft personifiziert. Aus meinem Kinde soll mal etwas werden, so die erwartungsfrohe Rede vieler Eltern. Mit dem Erwerb der Kuh glaubt der Bauer seine Wünsche und Hoffnungen auf dem rechten Wege. Neben den beiden Eseln im Stall wird schon bald das sehnlichst erwartete Hornvieh stehen. Der Vater *hat's endlich so weit gebracht, die Kuh ist schon unterwegs!* Der Hoffnungsblick des Vaters schweift sogar voraus in eine Zukunft, in welcher sein Sohn der stolze Besitzer eines Pferdes sein könnte. Die freudige Erwartung des Bauern hat etwas vom Adventsgeschehen. Der Lichtschein der Kerze, das holde Knäblein, der Vater, dem sich bald die Mutter zugesellen wird. Würde alles sein gutes Ende finden, man stünde noch in gleicher Nacht vor einem Bilde wie aus der Weihnachtsgeschichte: Die Eltern mit dem Kinde einträchtig im Stall versammelt, an ihrer Seite Esel und Rind. Doch die weihnachtlichen Versatzstücke gruppieren sich nicht zur schönen Szenerie. Vielmehr werden sie umgestülpt ins Katastrophische, zu Signalen einer negativen Soterologie. Das Knäblein taugt nicht zum Erlöser und Heilsbringer, sein kindlich-unschuldiges Spiel mit dem Feuer führt die totale Vernichtung herbei. Hebbels Novelle entwirft im Subtext ein Negativ christlicher Trinität: Vater, Sohn und der unheilige Geist des Geldes. Ausgerechnet das Kind, die fleischgewordene Verheißung besseren Lebens, zerstört im Nu den mühsam erworbenen kleinen Wohlstand. Und den Vater ereilt das furchtbare Schicksal, mit dem eigenen Sohn die Zukunft vernichten zu müssen.

In nachgerade tragischer Ironie verdankt sich die Totalvernichtung der kleinen Bauernwelt einem für die Entwicklung der menschlichen Gesellschaft äußerst wichtigen Verhaltensschema. Fortbestand und Evolution des Homo Sapiens sind von alters her nur gewährleistet, wenn Kenntnisse, Fertigkeiten und Handlungskonzepte von einer Generation an die nächste übermittelt werden können. Es geht um jenes Weitergeben, welches schon die lateinische Wurzel des Wortes ‚Tradition‘ anzeigt. Dies setzt die Fähigkeit der höheren Vertebraten voraus, durch Nachahmung die eigenen Horizonte des Wissens und des Verhaltens zu erweitern. Die Kinder lernen von ihren Eltern, indem sie deren Handeln beobachten und in spielerischer Form probeweise imitieren. Die ersten Informationen über den Knaben zielen in genau diese Richtung. Der knapp Dreijährige ist bestrebt, sich am Vater zu orientieren, er klettert auf die Bank, *ihm ernsthaft zuschauend*. Als Andreas sich mit dem *Zeitungsblatt*, in dem die Geldscheine eingewickelt waren, seine Pfeife anzündet, schaut ihm das Kind *mit leuchtenden Augen* zu. Der Sohn erfaßt das Handlungsschema des Vaters und versucht sich an dessen Imitation. Mit dem Verbrennen der Geldscheine wiederholt der Knabe, was er den Vater zuvor *hatte tun sehen*. Das stammesgeschichtlich äußerst sinnvolle und evolutionär vorteilhafte Tradieren durch Nachahmung bringt sich zur Geltung, für diesmal freilich mit katastrophalen Wirkungen.

Doch hätten allein die schlichten Informationen genügt, einen solchen Reiz auf das Kind auszuüben? Man wird noch eine weitere Ursache mitbedenken müssen. Das gesteigerte Interesse und die freudige Erregung des Knaben verdanken sich in hohem Maße den Erzählungen des Vaters über den Erwerb der Geldscheine. Dabei geht es nicht um die dem Kinde noch weitgehend unverständlichen Inhalte des Erzählten, als vielmehr um die Performance, um die Art und Weise der narrativen Präsentation. *„Den da"* – *murmelte Andreas und hielt einen der Scheine mit sichtlichem Behagen in die Höhe* – „*bekam ich für die Fuhre Sand"*. Das Murmeln der Worte verleiht der Information einen raunenden Gestus, noch verstärkt durch die expressive Gebärde, mit welcher der Vater die Geldscheine dem Knaben ostentativ vor Augen stellt. Wenn es dann wenig später vom Kinde heißt, es *nickte, als ob es verstünde, was es doch noch nicht verstehen konnte*, dann reagiert solches Bejahen zuvörderst auf die sinnliche und theatrale Präsentation des Mitgeteilten. Die Worte geraten in Fühlung mit den magisch-beschwörenden Möglichkeiten des Sprechens. Wie von fern gemahnt die Szene in der Bauernstube an frühe rituelle Bekundungen, bei denen es einem exponierten Sprecher gelingt, seine Botschaft durch murmelnden Singsang und expressive Gebärden ins Gemüt der ums Feuer versammelten Gruppenmitglieder einzusenken. Dies mit dem Ziel, die Einzelnen auf gruppenrelevante Notwendigkeiten, Aufgaben und Ziele einzuschwören und sie das szenisch Vorgestellte nachahmen zu lassen. In ähnlicher Weise weckt Andreas mit dem sinnlichen Beiwerk seines Erzählens im Knaben jene Faszination, die einstmals der Ritus im Seelenleben und in der Einbildungskraft der Gruppenmitglieder hervorrief. Die gemurmelten Worte und Gebärden des Vaters, im Verein mit der suggestiven Wirkung des Feuers, das der Knabe mit *leuchtenden Augen* beschaut, heben Restbestände eines archaischen Geschehens ins Hier und Jetzt der Gegenwart. Sie befördern die Resurrektion eines bislang schlummernden mythischen Banns, der nur wenig später seine zerstörerischen Wirkungen entfalten wird.

Einmal aufmerksam geworden auf diese untergründigen Spuren des Rituellen, entdeckt man ein ganzes Arsenal symbolischer Hinweise, welche die bäuerliche Realität ins Gefahrvolle und Gespenstische oszillieren lassen. Der Knabe treibt sein neckisches Spiel mit dem Haushahn, doch im Volksglauben ist der Hahn auch Orakelvogel und Vorbote schlimmer Ereignisse. Nur wenig später steht das Haus in Flammen, eine jener Brandkatastrophen, die der Volksmund bekanntlich mit dem Bild des Roten Hahns zu benennen pflegt. Am *Ofengestell* aufgehängt sieht man den *neuen Strick*, den Andreas für die Kuh bereithält. Der Ofen dient der Zähmung des Feuers, der Strick soll jenes Haben und Festhalten gewährleisten, das Domestizierung und Besitz von Tieren allemal mit sich bringen. Doch in der engen Nähe von Feuerstelle und Seil schlummert untergründig eine fatale Symbolik von nachgerade animistischer Anmutung. Es scheint, als weckte die vom Bauern eher achtlos hergestellte Nähe von Ofen und Strick eine Art Analogiezauber, als trüge sie auf sympathetische Weise zur Entfesselung der Katastrophe bei. Feuerstelle und Seil sind frühe Mittel menschlicher Naturbeherrschung, und doch bewegt Andreas sich noch immer in einem Netz tückischer Entsprechungen, als wäre er dem Bann untergründiger dämonischer Mächte ausgeliefert, die jederzeit hervorbrechen und die menschlichen Vorkehrungen vereiteln können. Das Feuer, im Ofen noch unter Kontrolle, weitet sich am Ende ungezähmt zum alles vernichtenden Brand. Aus dem Strick wird mit dem Selbstmord des Bauern das Werkzeug menschlicher Selbstvernichtung. Das *Talglicht* entfaltet aus sich eine ähnliche Dialektik. Zunächst hat es seinen Platz im Genrebild bäuerlicher Beschaulichkeit. Es spendet der Bauernstube das nötige Licht, auch steht es bereit für das Anzünden der sonntäglichen Tabakpfeife. Stutzig macht, daß der Text die Bezeichnung Kerze vermeidet, lieber greift er zu einem Wort, das ältere Vorstellungen von Unschlitt und Tierfett aufruft. In die Gegenwart der bäuerlichen Welt ragt Atavistisches. Die zunächst so beschaulich und anheimelnd wirkende Lichtquelle löst die Katastrophe aus. Der am Talglicht entzündete Fidibus weckt den Nachahmungstrieb des Knaben, dem die Geldscheine zum Opfer fallen.

Doch damit nicht genug. Seine schlimmste Wirkung entfaltet das Talglicht im Moment, da der Knecht Hans die Kerze vom Tisch nimmt. Das Feuer, auf dem Tisch im Ruhezustand noch einigermaßen beherrschbar, setzt sich auf dämonisch-bedrohliche Weise in Bewegung. Der Knecht leuchtet zunächst *nach dem Ort hin, wo das tote Kind lag.* Religiöse Bildformeln drängen sich auf: das göttliche Kind, beschienen vom milden Licht einer Kerze oder einer Laterne, mitsamt der Mutter, die wohlgefällig den Kleinen beschaut. Hier nun im Lichtschein dessen grausiges Gegenbild: das Kind mit zerschmettertem Schädel und eine Mutter, die des toten Knaben ansichtig wird und ohnmächtig niedersinkt. Schließlich begibt sich Hans mit dem Talglicht auf die Suche nach Andreas, mit dem Ergebnis, daß die zerstörerische Macht des Feuers, nun vollends entfesselt, aller bäuerlichen Beschaulichkeit und Gemütlichkeit den Garaus macht. Die Entdeckung des toten Bauern vollzieht sich in Form eines alptraumhaften Geschehens, an dessen Ende der Tote sich des Knechtes wie ein gespenstischer Nachtmahr rittlings bemächtigt. Angesichts dieses grausigen, alles Idyllische ins Schreckliche kehrenden Geschehens drängt sich die Urbedeutung des Wortes Katastrophe auf, die plötzliche Umwendung des Geschehens, hier als schlimmstmögliches Ereignis. Doch nun verdankt sich das Umschlagen nicht, wie noch in der griechischen Tragödie, der Schicksalslogik vorausgegangener Handlungen. Stattdessen werden die bäuerlichen Realien zu symbolisch aufgeladenen Kippfiguren, zu Signalen einer furchtbaren Wende, der kein Endzweck innewohnt. Es sei denn, man begriffe solchen Sturz in die totale Vernichtung noch als theologische oder gar heilsgeschichtliche Idee.

Vier unmittelbar handelnde Akteure treten in Hebbels Kurznovelle auf: Bauer Andreas, seine Frau Geesche, der kleine Sohn und der Knecht Hans. Nur der Knabe findet keine namentliche Erwähnung, die Erzählung verschweigt den Vornamen. Das Kind tritt nicht als ein durch den Taufnamen beglaubigtes Individuum in Erscheinung. Es erscheint als namenloses Wesen, in ihm wirkt ein allgemeines Prinzip, die Macht einer zerstörerischen Dämonie. Erst als mit dem Verbrennen der Geldscheine dieses Destruktive augenfällig wird, bietet sich die Möglichkeit, jenes Prinzip namentlich dingfest zu machen. *Satan* ist das erste Wort, das dem Bauern entfährt, als er der verbrannten Talerscheine ansichtig wird. Der Name gilt dem Kinde, zugleich aber dem zerstörerischen Prinzip, das nun mit einer Sprache benannt wird, zu welcher der Mensch seit jeher greift, wenn es darum geht, die Gegenwelt der göttlichen Schöpfung in Worte zu fassen. Kurz vor der Tötung des Knaben kehrt im Schrei *Teufelsbrut*, den der Vater in besinnungsloser Wut ausstößt, die Semantik des Diabolischen wieder. Der Knabe wird in seiner Herkunft nicht dem Vater, sondern der Welt Satans zugewiesen, als wäre er ein Findling, der sich Einlaß verschaffte in die Beschaulichkeit der bäuerlichen Welt, und dessen böse Herkunft nun plötzlich zutage tritt. Die Tötung des Kindes gerät im Lichte dieser Lesart zum Kampf gegen den Teufel selbst. Das gegen die Wand geschleuderte eigene Kind wirkt auf den Vater, *als ob es eine giftige Schlange wäre.*

Die vom Knaben ausgelöste Katastrophe konnte freilich ihre grausigen Folgewirkungen nur entfesseln, weil die Geldscheine schon für Andreas selbst eine Bedeutung gewonnen hatten, die über ihren pragmatischen Tauschwert hinausging. Schon die ersten Sätze der

Novelle weisen in diese Richtung. Zunächst scheint man auf eine altvertraute bäuerliche Szene zu blicken, die an Zeiten gemahnt, da die Älteren den Jüngeren von früheren Begebenheiten berichteten, sie die Nachkommenschaft bekannt machten mit der Geschichte der Familie, des Hofes und der Dorfgemeinschaft. Von all dem ist in den Erzählungen des Andreas keine Rede mehr. Wo Vergangenes zur Sprache kommt, geht es ausschließlich ums Geld, um die Talerscheine. Auch ein Großvater, der noch von alten Zeiten erzählen könnte, ist nicht vorhanden, nur noch beim *alten eichenen Tisch* stößt man auf Restspuren seiner vormaligen Existenz. Die Kleinfamilie des Andreas ist zeitlich weit entfernt von jenen bäuerlichen Großfamilien, in denen stets Ältere bereitstanden, die den Jüngeren die Vergangenheit nahebrachten, des Abends etwa, wenn eine ganze Familie sich um den Tisch versammelte, um den Erzählungen der Großeltern zu lauschen. Hier nun spielt der großväterliche Tisch nur die Rolle einer stabilen Unterlage, auf der Andreas *vielleicht zum neunten Male ein kleines Häuflein Talerscheine überzählte.* Vergangenheit präsentiert sich nur noch in der eigensinnigen Fixation aufs Geld, äußerlich sichtbar in einem mechanischen Abzählen, dessen obsessives Wiederholen bereits die Grenze zum Zwanghaften streift. Bemerkbar macht sich ein Moment von ritueller Repetition. Das Geld legt einen magischen Bann über das Denken und Fühlen des Bauern.

Der Bann des Geldes zeigt sich auf gespenstische Weise in den spärlichen sprachlichen Bekundungen des Knaben, der sich am Feuer des letzten Talerscheins die Finger verbrennt und einen kurzen Schmerzensschrei ausstößt. Von diesem „*Au!*" abgesehen, beschränkt sich das Kind in der gesamten Erzählung auf nur eine einzige sprachliche Äußerung: *„mehr!"*. Das kleine Steigerungswort entfaltet eine nachgerade diabolische Ambivalenz. In kindlicher Unschuld verlangt der Kleine nach weiteren Scheinen. Er will die eigene Lust am ästhetischen Zauber des Flammenspiels verlängern. Bezieht man freilich dieses *„mehr!"* auf den monetären Status der Talerscheine, so mag man auch an Mehrwert und Geldvermehrung denken. Doch in makabrer Ironie wird das Wort aus dem Munde dessen laut, der gerade mit dem Verbrennen der Geldscheine die Basis der Wohlstandsmehrung zerstörte. Im wörtlichen Sinne befeuert der Knabe das weitere furchtbare Geschehen. Wäre dieses *„mehr!"* unausgesprochen geblieben, der Vater hätte sich womöglich nicht zu seiner furchtbaren Tat hinreißen lassen. Doch kaum ist das fatale Wort heraus, verliert Andreas jegliche Kontrolle: *„mehr, du Teufelsbrut?"*. Der Vater erspürt die diabolische Fügung und gerät nun erst, *seiner selbst nicht mehr mächtig*, in eine psychische Verfassung, in der es zur Kindstötung kommt. Das *„mehr!"* des Kindes, von Andreas zweimal wiederholt, erscheint dem entsetzten Vater als höhnischer Ausdruck eines satanischen Prinzips, das es zu vernichten gilt. Bedenkt man, daß dieser Text aus der Mitte des 19. Jahrhunderts stammt, dann liegt die Vermutung nahe, daß das verhängnisvolle Wort des Kleinen bereits jenes Immer-Mehr vorausahnt, welches heute als zentrale Antriebskraft des globalisierten Marktes erkennbar wird. „Mehr! Philosophie des Geldes": so der Titel der geldkritischen Überlegungen, die der Philosoph Christoph Türcke im Jahre 2015 publizierte.

Der Bericht des Vaters über den Erwerb der Talerscheine birgt gewichtige sozialtheoretische Implikationen. Erzählend rekonstruiert Andreas die Herkunft der Geldsumme, die vor ihm auf dem alten

Eichentisch liegt. Zugleich spricht er von seinen Erwartungen, die für ihn sich mit den Talerscheinen und dem Kauf der Kuh verbinden. Bis in die fernere Zukunft schweift seine Phantasie, bis hin zum Kauf eines Pferdes, den der Knabe eines Tages *schaffen* werde. Das auf dem Tisch deponierte Geld markiert den prägnanten Punkt, in dem Vergangenheit und Zukunft sich verschränken. Andreas gibt sich der Erwartung hin, die Vergangenheit, hier der gelungene Erwerb des Geldes, ließe sich umstandslos auf eine gleichermaßen gelingende Zukunft projizieren. Nur wenig später werden ihm die verbrannten Scheine das Irrige und Illusionäre einer solchen Hochrechnung drastisch vor Augen führen. Andreas präsentiert hier, ungeachtet seines schlichten bäuerlichen Empfindens, eine für das 19. Jahrhundert bedeutsame Denkfigur. Weil die historische Rekonstruktion der Vergangenheit sich einigermaßen plausibel bewerkstelligen läßt, glaubt man sich berechtigt, auch künftige Entwicklungen und Verläufe erwartbar prognostizieren zu können. Wie etwa Karl Marx mit eindrucksvoller historischer Tiefenschärfe die Geschichte der Bourgeoisie und des Kapitalismus rekonstruiert, dies freilich mit der irrigen Schlußfolgerung, man könne mit gleicher Verläßlichkeit die künftige Entwicklung der bürgerlichen Gesellschaft theoretisch antizipieren. Eine, wie man heute weiß, naive Koppelung von Rekonstruktion und Erwartung. Erkenntnissicherheit gibt es, wenn überhaupt, nur post festum. Alle Zukunft bleibt kontingent und damit unberechenbar. Hebbels Novelle vermittelt diese Einsicht in Form einer grausigen Pointe. Ausgerechnet der Sohn, Protagonist der nächsten Generation, zerstört die Zukunft. Er vernichtet das Kapital, dessen Entstehungsgeschichte Andreas kurz zuvor erzählend präsentiert hatte.

Mit bemerkenswerter ästhetischer Stringenz verweist Hebbel solche Vorstellungen in ein religiöses und heilsgeschichtliches Symbolfeld. Wenn der Bauer mit den Worten *Den da* seinen Geldschein *in die Höhe* hält, mag die Geste ans biblische Abendmahl erinnern, an das ostentative „Hoc est enim", mit dem Jesus seinen Jüngern das gebrochene Brot präsentiert. In beiden Fällen geht es um Transsubstantiation. Hier die Wandlung in den Leib Christi, bis auf den heutigen Tag der ungeheure epiphanische Moment jeder katholischen Messe. Dort der Wunsch des Andreas, seine Geldscheine möchten sich endlich in die heißersehnte Kuh verwandeln. Sogar ein leises Echo der Passionsgeschichte hallt nach. Die Erzählung des Bauern beschreibt eine kleine via dolorosa der Mühsal, bis hin zur Versehrung des eigenen Leibes. Beide Wandlungen öffnen den Horizont für eine Zukunft, die Erlösung bringen soll. Bei Jesus die Verheißung einer am Jenseits orientierten Heilsgeschichte, bei Andreas die Hoffnung auf ein besseres diesseitiges Leben für sich und seine Familie. Doch die Heilserwartung verwandelt sich alsbald in ihr Zerrbild. Schon die das Bauernhaus umgebende düstere Szenerie verheißt Unheil. Die totale Finsternis und der qualmige Nebel verwehren den Blick hinauf zum gestirnten Himmel. Transzendenzverlust als Raumerfahrung. Aus der freudigen Erwartung des Bauern wird ein quälendes Warten, fast schon die Vorahnung jener vergeblich Wartenden, die hundert Jahre später das absurde Drama bevölkern. Hebbel kann mit dem alles vernichtenden Brand vielleicht noch einen eschatologischen Schlußpunkt setzen. Zu solch negativer Theodizee mag das Theater des Absurden sich nicht mehr bekennen. Wladimir und Estragon warten noch heute auf Godot.

Der Knabe durchläuft gleichsam im Zeitraffer eine ästhetische Erziehung. Zu Beginn das suggestiv-murmelnde Erzählen des Vaters, das die Aufmerksamkeit des Kindes kognitiv und vor allem emotional aktiviert. Wie ein Verstärker wirkt das ostentative Hochhalten des Geldscheins, dessen gestisch-rituelle Prägnanz das kindliche Wahrnehmen zusätzlich stimuliert. Alsdann die *bunte* Hahnenfeder, die der Vater dem Kleinen mit zärtlicher Geste in die Hand gibt. Ein Farbenspiel tut sich auf, ein früher Blickfang, der dem Kinde ein ästhetisches Faszinosum vor Augen stellt. All diese Impulse versammeln sich zu einem Wahrnehmungsdispositiv, das dann beim väterlichen Anzünden der Tabakpfeife in Funktion tritt, in den *leuchtenden Augen* des Kleinen, im Wohlgefallen, das nach weiterer Befriedigung verlangt. Die durchaus wünschenswerte ästhetische Erziehung enthüllt ihre heiklen Seiten. Sie fördert unabsichtlich schlummernde Potentiale zutage, die dem Ursprung von Aisthesis als sinnlichem, körperbezogenem Wahrnehmen unabdingbar zugehören. Solche „Ästhetik am Leitfaden des Leibes" (Nietzsche), dem Kleinen ostentativ vor Augen gebracht, kann freilich nicht umhin, auch atavistische Impulse zu entbinden, die ihr seit jeher zugehören und nun aus stammesgeschichtlichen Tiefen des menschlichen Körpergedächtnisses in die Gegenwart des 19. Jahrhunderts emporsteigen. Dies korreliert mit den ästhetisch grundierten Erzählungen des Vaters über die Mühsal der Geldbeschaffung. Auch hier der Versuch, die Geschichte der Talerscheine am Leitfaden des eigenen Leibes und seiner Versehrungen zu beschreiben, als Passionsgeschichte, als sinnliche Erfahrung, als Aisthesis. Doch mit all dem aktualisiert Andreas ungewollt Erinnerungsspuren eines frühen mimetischen Erlebens, die nun auf das Kind übergreifen, das dann die Lust verspürt, aus dem sinnlichen Material der Welt den Funken des Ästhetischen zu schlagen.

Zu Beginn zählt der Bauer seine Geldscheine. Das Ende der Novelle berichtet von der Kuh, die im Feuer verbrannt ist. Das Handlungsgeschehen stellt beide Ereignisse in einen schicksalhaften Zusammenhang, in dem der archaische Ursprung des Geldes aufscheint, jene Zeit, wo man pecunia und pecus noch in eins dachte. Mit dem Zählen der Talerscheine verbleibt Andreas zunächst auf der Ebene moderner Rechenhaftigkeit. Er agiert in der Realabstraktion der ökonomischen Sphäre, wie sie sich im Papiergeld materialisiert hat. Augenscheinlich verspürt dann der Bauer das Bedürfnis, seine Genugtuung über das erworbene Geld auch dem *Knäblein* zu vermitteln, wobei er, mit Blick auf die Aufnahmefähigkeit des kindlichen Adressaten, naturgemäß alles Rechenhafte im Interesse größerer Anschaulichkeit beiseitelassen muß. Er wechselt vom Zählen hinüber zum Erzählen, dessen murmelnder Duktus an frühe oral poetry gemahnt. Die Griechen der Antike nannten solches Reden Mythos, und so fördert diese Art des Erzählens ein mythisches Substrat zutage. Der Erwerb der Scheine, als Leidensgeschichte präsentiert, wirkt wie die Abfolge herkulischer Taten in bäuerlicher Miniatur. Alles Erzählen ist, mit den Worten Thoma Manns, ein raunendes Beschwören des Imperfekts. Mit der Wahl einer solchen Darstellungsform öffnet Andreas den Bezirk des Rechenhaften für frühe archaische Impulse. Die Begegnung beider Sphären stellt sich dar als Fusion von Opfer und Geld. Im Tauschakt des Opfers ist das Geldprinzip bereits in nuce vorhanden. Von Paul Lafargue über Bernhard Laum, von Jean-Pierre Baudet bis hin zu Christoph Türcke formte sich diese Einsicht zu einem wichtigen Aspekt der Theorie des Geldes. Lafargue, dem Schwiegersohn von Marx, verdanken wir die eminente Einsicht, daß in der kapitalistischen Ökonomie das Opfer in den Subjekten selbst fortwirkt, als psychophysische Selbstversehrung. Die Opfernden opfern sich auf. Die körperlichen Blessuren des Bauern Andreas führen vor Augen, was Theodor W. Adorno, mit Blick auf das frühbürgerliche Individuum Odysseus, die „Introversion des Opfers" nennt. Hebbels Text erzählt von der Verwandlung eines Bauernhauses in eine Brand- und Opferstätte, auf der vier Menschen ihr Leben lassen. Dem setzt der Flammentod der Kuh ein archaisches Fanal, den symbolstarken Schlußakkord einer Erzählung, die permanent pecunia und pecus engführt. Im Interesse dieser bedeutsamen und durchgängigen Doppelung gibt Hebbel sogar poetischer Freizügigkeit Vorrang vor der Wirklichkeitstreue. Auch die Kuh stirbt in den Flammen: sie war, *dem diesen armen Tieren angeborenen unseligen Trieb folgend, ins Feuer hineingelaufen und mit verbrannt.* Ein Szenario, das bäuerliche Alltagserfahrung außer Acht läßt. Keine Kuh rennt in ein solches Feuer. Angst und Fluchtinstinkt wären allemal stärker als jeder Stalldrang. Auch Hebbel, aufgewachsen im ländlichen Dithmarschen, dürfte dieses Faktum nicht unbekannt gewesen sein. Warum dann diese realitätswidrige Eigenmächtigkeit? Weil die Logik der symbolischen Bezüge ihr Recht geltend macht. Mit dem Zukunftspotential der Talerscheine muß zugleich vernichtet werden, was dem Geld konkreten Sinn verleiht, jener reale Gegenwert, der im Kaufakt den abstrakten Geldschein in konkreten Gebrauchswert verwandelt. Die Kuh, als Ware erworben, muß hinein in den Sog des furchtbaren Geschehens. Dies vor allem verleiht dem Ereignis die Signatur einer finalen Katastrophe, die sich zur negativen Eschatologie steigert. Die zunehmende Trennung von

Tausch- und Gebrauchswert, ein wichtiges Kennzeichen kapitalistischer Ökonomie, scheint für einen prägnanten Moment außer Kraft gesetzt. Pecunia und pecus finden wieder zueinander. Doch nicht im Hoffnungsschimmer künftiger Versöhnung, sondern im nächtlichen Schein des alles vernichtenden Feuers.

Wo Andreas vom Zählen zum Erzählen übergeht, scheint er im Einklang mit Novalis und dessen utopischer Erwartung, eine Zeit möge kommen, die das Wesen der Wirklichkeit nicht mehr in „Zahlen und Figuren", sondern in poetischer Rede erfaßt. Der frühromantische Dichter reagiert, wie zuvor schon Schiller in seinem Gedicht „Die Götter Griechenlands", auf jene moderne Entzauberung der Welt, die Max Weber als zentrales und wirkungsmächtiges Strukturmoment okzidentaler Kultur beschreibt, als Anspruch, alles durch Berechnen beherrschen zu können. Gegen das Zeitalter der Rechenhaftigkeit stellt Novalis seinen Traum von der Wiederverzauberung der Welt. Auch in Hebbels Novelle geht es um Wiederverzauberung, doch diese vollzieht sich im Feuerschein einer finalen Katastrophe, eines Weltenbrandes, eines Ragnarök im Kleinformat. Die poetische Rede, von den Romantikern so sehr herbeigewünscht, wird im Munde des Andreas zur Initialzündung eines gespenstischen Geschehens, das die zerstörerische Resurrektion archaischer Mächte bewirkt und alles Idyllische und Genrehafte ins Katastrophische umstülpt. Hebbels Novelle gelingt es, das furchtbare Geschehen vor einen tiefgründigen geldphilosophischen Horizont zu stellen. Sie macht anschaulich, daß die latente Dämonie des Geschehens bereits in den Talerscheinen selbst am Werke ist. Andreas befindet sich sogleich in deren Bann, wo er mit ritueller Insistenz wieder und wieder die Banknoten überzählt. Bereits im Zählen selbst scheint jener mythische Bann wirksam, der allem Erzählen unabdingbar zugrunde liegt. Schon in der Geldsphäre schlummert eine verborgene Magie, eine Art Verhexung, die Karl Marx wenige Jahre nach Hebbel mit dem Begriff Geldfetisch zu beschreiben sucht. In die gleiche Richtung dachte bereits Goethes Mephistopheles, als er im „Faust II" die „Zauberblätter" des Papiergelds erfindet und seine pekuniäre Neuschöpfung mit dem Titel „Papiergespenst der Gulden" belegt. Die fatalen Talerscheine des Bauern Andreas, auch sie spukhafte Zwitterwesen des Geldes, lassen sich umstandslos solcher Metaphorik zuweisen. Hebbels novellistisches Nachtstück ist eine verkappte Gespenstergeschichte.

Gebrüder Grimm
Das quellende Silber

Im Februar des Jahres 1605, unter dem Herzog Julius von Braunschweig, trug sich zu, daß eine Meile Wegs von Quedlinburg, zum Tal genannt, ein armer Bauer seine Tochter in den nächsten Busch schickte, Brennholz aufzulesen. Das Mädchen nahm dazu einen Tragkorb und einen Handkorb mit, und als es beide angefüllt hatte und nach Haus gehen wollte, trat ein weißgekleidetes Männlein zu ihm hin und fragte: „Was trägst du da?" – „Aufgelesenes Holz", antwortete das Mädchen, „zum Heizen und Kochen." – „Schütte das Holz aus", sprach weiter das Männlein, „nimm deine Körbe und folge mir; ich will dir etwas zeigen, das besser und nützlicher ist als das Holz." Nahm es dabei an der Hand, führte es zurück an einen Hügel und zeigte ihm einen Platz, etwa zweier gewöhnlichen Tische breit, ein schön lauter Silber von kleiner und großer Münze von mäßiger Dicke, darauf ein Bild, wie eine Maria gestaltet, und ringsherum ein Gepräge von uralter Schrift. Als dieses Silber in großer Menge gleichsam aus der Erde hervorquoll, entsetzte sich das Mägdlein davor und wich zurück; wollte auch nicht seinen Handkorb von Holz ausschütten. Hierauf tat's das weiße Männlein selbst, füllte ihn mit dem Geld und gab ihn dem Mägdlein und sprach: „Das wird dir besser sein als Holz." Es nahm ihn voll Bestürzung, und als das Männlein begehrte, es solle auch seinen Tragkorb ausschütten und Silber hineinfassen, wehrte es ab und sprach: es müsse auch Holz mit heimbringen, denn es wären kleine Kinder daheim, die müßten eine warme Stube haben, und dann müßte auch Holz zum Kochen dasein. Damit war das Männlein zufrieden und sprach: „Nun, so ziehe damit hin", und verschwand darauf.

Das Mädchen brachte den Korb voll Silber nach Haus und erzählte, was ihm begegnet war. Nun liefen die Bauern haufenweis mit Hacken und anderem Gerät in das Wäldchen und wollten sich ihren Teil vom Schatz auch holen, aber niemand konnte den Ort finden, wo das Silber hervorgequollen war.

Der Fürst von Braunschweig hat sich von dem geprägten Silber ein Pfund holen lassen, so wie sich auch ein Bürger aus Halberstadt, N. Everkan, eins gelöst.

Die Weisheit des Kindes

Man scheint einer Kollegin von Rotkäppchen zu begegnen. Ein kleines Mädchen geht in den Wald, um dort einen wichtigen Beitrag zum Wohlergehen der eigenen Familie zu leisten. Geht es bei Rotkäppchen um die Versorgung der Großmutter, so hier um die Beschaffung von Brennholz, welches im heimischen Herd für die benötigte Zimmerwärme und zugleich für die Zubereitung der Nahrung sorgt. Doch nun taucht im Wald kein böser Wolf auf, der Schlimmes im Schilde führt. Die seltsame Begegnung mit dem kleinen Männlein entfaltet kein Szenario der Angst. Dies mag vor allem an der weißen Kleidung des Fremden liegen, gilt diese Farbe doch im Volksglauben vieler Regionen als Schutzfarbe. Weiße Gewänder legt man an, wenn es um den Verkehr mit Göttern und Dämonen geht, sie gehören zum Kleiderbestand gütiger Zauberer wie auch segenspendender Priester. Auch sind sie häufig Teil ritueller Praktiken, in denen es um apotropäischen Zauber geht, mit dessen Hilfe man böse Geister zu bannen sucht. Die weiße Kleidung scheint demgemäß die Unbefangenheit des Mädchens nicht zu beeinträchtigen, so daß die Kleine die Fragen des Männleins ohne Furcht knapp und präzise beantwortet.

Und doch rückt das Männlein wenig später ins Zwielicht. Es scheint in die Rolle eines listigen Versuchers zu schlüpfen, mit seiner Verheißung eines Besitzes, der *besser und nützlicher* sei, als das aufgesammelte Holz. Die Szene mutet an wie die kleine Reprise der biblischen Episode , in der Satan den Heiland in Versuchung führt und ihm auf dem Gipfel des Berges irdische Reichtümer verspricht (Lukas 4,5). Hier nun wurde aus der verheißenen Herrlichkeit der

Welt ein kleines Fleckchen Erde, dem ein magisch lockender Strom von Silbermünzen entspringt. Die den Münzen eigene Prägung entzieht sich genauer Festlegung. Sie scheint *eine Maria* darzustellen, womöglich das Bild der Muttergottes, eine Deutung, die gleichwohl im Ungefähren und im Bereich der Vermutungen verbleiben muß. Die der Münze aufgeprägte *uralte Schrift*, von der man eigentlich genaueren Aufschluß erwarten könnte, trägt zu weiterer Verunklärung bei. Sie evoziert Erinnerungen an tiefste Zeitverschüttungen, die sich genauer historischer Festlegung entziehen und wohl nur im Medium raunender und sagenhafter Andeutungen vernehmbar bleiben. Die Prägungen der Münzen verweisen in einen Bereich ambiguoser, weitgehend offener Deutungen, wie jene rituell-religiösen Texte, die in permanenter Semiose und Exegese stets neue Lesarten generieren. Die uralte Schrift, auch sie hervorgequollen *aus der Erde*, gemahnt zugleich an die Vorstellung vom liber naturae, von der Lesbarkeit der Welt. Sie verweist auf das Chiffrenspiel einer Natur, deren Inkommensurables alle Erkenntnisbemühungen in einen Strom unabschließbarer Permutationen verwandelt. Friedrich Schlegels Begriff einer sich nie vollendenden Universalpoesie gibt derartigen Überlegungen das poetologische und philosophische Profil. Solche Offenheit eignet nicht zuletzt dem Geldprinzip, einem Medium der Vieldeutigkeit, dem nicht nur Schopenhauer eine nachgerade proteische Verwandlungsfähigkeit bescheinigt. So mag man auch im vorliegenden Fall beim quellenden Silber eine mythische Grundierung in Betracht ziehen. Das Bild vom quellenden Silber gemahnt an das Metall Quecksilber, an jenen fluiden Stoff, den die Römer mercurialis nannten und mit ihrem Gott Mercurius in Verbindung brachten, der wie sein griechisches Vorbild Hermes als Schutzgott über Handel und Verkehr wacht.

Das Mädchen gelangt in den Besitz der Münzen auf eine Art, die keine Ähnlichkeit hat mit der üblichen Form der Silbergewinnung. Kein Schürfen, kein gewaltsames Eindringen in Gesteinstiefen, kein technisch-industrieller Aufwand im Zuge bergbaulicher Anstrengungen. Vielmehr scheint die Erde in großer Freigiebigkeit den Schatz bereitzustellen, in der gleichen flüssigen Form wie das lebenspendende Wasser. In solcher Naturnähe steckt die utopische Forderung, diesen ursprünglichen sinnlichen Naturbezug niemals preiszugeben und zu vergessen. Erst wo das Medium Geld via Kauf und Zahlung sich seiner Realabstraktion entledigt, sich in eine gebrauchsfähige Entität verwandelt, sei diese dinglicher oder geistiger Art, findet es seine natürliche Bestimmung. Es tritt ein in die sinnliche Welt menschlicher Zwecke und Bedürfnisse. Die erste Reaktion des Mädchens beim Anblick des quellenden Silbers zeugt vom bewußtlosen, gleichsam vortheoretischen Wissen um dieses naturnahe Telos des Monetären. In der Kleinen keimt keine Geldgier um des Geldes willen, mit instinktiver Scheu nimmt sie die Silberflut zur Kenntnis. Der pure Strom der Münzen, zunächst ein Ereignis von schaurig-schöner Anmutung, wirkt beängstigend, solange er nur um seiner selbst willen existiert. Doch gerade mit dieser naturfernen Selbstbezüglichkeit des Geldes scheint das Männlein die Kleine versuchen zu wollen. Höchst eigenmächtig läßt es die Münzen an die Stelle des gesammelten Holzes treten, wobei nun zum ersten Mal das Wort *Geld* fällt, die universale Formel für die Realabstraktion des Monetären und für das Kapital. Doch die *Bestürzung* des Mädchens zeugt vom instinktiven Gespür für die heiklen, sogar gefährlichen Seiten des Geldprinzips. Die Kleine lehnt es ab, nur viel Geld nach Hause zu bringen. Ihre Sorge gilt den kleinen Geschwistern, der warmen Stube und der Zubereitung des Essens, Erfordernissen, denen man nur mit dem gesammelten Holz entsprechen kann. Sie verweigert sich der Behauptung, Geld werde *besser sein als Holz*, einer Verabsolutierung des Pekuniären, die Gefahr läuft, aus dem bloßen Mittel Geld einen normativen Endzweck zu machen. Sie bewahrt sich das Gespür für die Welt humaner Bedürfnisse, in der Geld immer nur Mittel und niemals Zweck sein darf.

Am Ende setzt die Kleine sich erfolgreich gegen die ausschließlich aufs Geld fixierten Vorgaben des Männleins zur Wehr. Sie besiegt den listigen Versucher. Umso erstaunter nimmt man zur Kenntnis, daß das Männlein kaum in der Rolle eines Verlierers auftritt. Nichts vom Wutanfall eines Rumpelstilzchen oder vom Zorn geprellter Teufel. Eher tritt der Versucher nun als gütiger Zauberer auf, der die Wünsche des Mädchens akzeptiert, sich sogar, kurz vor seinem Verschwinden, mit der gefundenen Lösung *zufrieden* zeigt. In nachgerade weihevoller Diktion verabschiedet er sich von der Kleinen: *Nun, so ziehe damit hin.* Fast eine Entlassungsformel im Sinne des „Ite, missa est", ähnlich dem „Gehet hin in Frieden!", das der Geistliche am Ende des Gottesdienstes den Gläubigen auf den Heimweg mitgibt. Der Verdacht liegt nahe, das Männlein sei bewußt in die Rolle des listigen Versuchers geschlüpft, um die Kleine einer Art Bewährungsprobe zu unterziehen, sie den Verlockungen des puren Geldes auszusetzen, mit dem alleinigen Ziel, die Widerstandskraft des Mädchens zu testen. Die Zufriedenheit des Waldgeistes signalisiert, daß die Prüfung mit Bravour bestanden wurde.

Die Bauerntochter kehrt heim mit einer Ausbeute, in der Geld und Holz, abstraktes Wertäquivalent und von der Natur gespendetes Lebensmittel, sich in harmonischer Balance zusammenfinden.

Doch für diese Balance hat die Welt der Erwachsenen kein Gespür. Die Bauern, verlockt vom vermeintlichen Geldsegen, laufen nun nicht mehr in den Wald, um dort Holz zu sammeln. Wie ein bewaffneter Haufe dringen sie *mit Hacken und anderem Gerät* ins Wäldchen ein, ausschließlich fixiert auf die nachgerade gewaltsame Eroberung des Silberschatzes. Doch die Silberquelle bleibt verborgen und unauffindbar. Nun gilt, was Martin Heidegger aller menschlichen Naturbeherrschung mahnend vorhält, „daß die Natur in der Seite, die sie der technischen Bemächtigung durch den Menschen zukehrt, ihr Wesen gerade verbirgt." Das Miteinander von Technik und Geldgier sieht sich konfrontiert mit einer natura abscondita. Gewaltsame Naturbeherrschung bringt jenes kostbare Andere der Natur zum Verschwinden, um dessen sinnvolle Aneignung es menschlicher Subjektivität im ureigensten Interesse eigentlich gehen müßte. Der Unschuld und der instinktiven Weisheit eines Kindes bleibt es vorbehalten, ein mimetisches, gewaltfreies Verhältnis zu den Dingen zu erlangen, mit dem Ergebnis, daß Natur aus sich heraustritt, nachgerade hervorquillt, sie sich dem Menschen in zarter Behutsamkeit darbietet, jenem Fuchse ähnlich, der den Wunsch äußert, vom Kleinen Prinzen gezähmt zu werden. Das von der Bauerntochter zusammen mit dem Holz heimgebrachte Geld ist demgemäß keine durch Zwang erlangte Beute, eher eine freiwillige Spende der Natur, eine kostbare Gabe, die freilich der auf gewaltsame Aneignung fixierten Welt der Erwachsenen nicht mehr zuteilwird. In ihr verkommen am Ende die Restbestände des quellenden Silbers zu aparten Souvenirs, zu Sammlerstücken in den Häusern von Adel und Bürgertum. Was vormals wie ein Naturprozess in fluider Lebendigkeit der Erde entsprang, es wird stillgestellt im ästhetischen Kerker eines imaginären Museums.

Gebrüder Grimm
Der gestohlene Heller

Es saß einmal ein Vater mit seiner Frau und seinen Kindern mittags am Tisch, und ein guter Freund, der zum Besuch gekommen war, aß mit ihnen. Und wie sie so saßen und es zwölf Uhr schlug, da sah der Fremde die Tür aufgehen und ein schneeweiß gekleidetes, ganz blasses Kindlein hereinkommen. Es blickte sich nicht um und sprach auch nichts, sondern ging geradezu in die Kammer nebenan. Bald darauf kam es zurück und ging ebenso still wieder zur Türe hinaus. Am zweiten und am dritten Tag kam es auf eben diese Weise. Da fragte endlich der Fremde den Vater, wem das schöne Kind gehörte, das alle Mittag in die Kammer ginge. „Ich habe es nicht gesehen", antwortete er, „und wüßte auch nicht, wem es gehören könnte." Am anderen Tage, wie es wieder kam, zeigte es der Fremde dem Vater, der sah es aber nicht, und die Mutter und die Kinder alle sahen auch nichts. Nun stand der Fremde auf, ging zur Kammertüre, öffnete sie ein wenig und schaute hinein. Da sah er das Kind auf der Erde sitzen und emsig mit den Fingern in den Dielenritzen graben und wühlen; wie es aber den Fremden bemerkte, verschwand es. Nun erzählte er, was er gesehen hatte, und beschrieb das Kind genau; da erkannte es die Mutter und sagte: „Ach, das ist mein liebes Kind, das vor vier Wochen gestorben ist." Sie brachen die Dielen auf und fanden zwei Heller, die hatte einmal das Kind von der Mutter erhalten, um sie einem armen Manne zu geben, es hatte aber gedacht: Dafür kannst du dir einen Zwieback kaufen, die Heller behalten und in die Dielenritzen versteckt; und da hatte es im Grabe keine Ruhe gehabt und war alle Mittage gekommen, um nach den Hellern zu suchen. Die Eltern gaben darauf das Geld einem Armen, und nachher ist das Kind nicht wieder gesehen worden.

Unfinished business

Zu Beginn ein idyllisches Genrebild. Die Familie einträchtig versammelt um den Mittagstisch, präsentiert in altvertrauter hierarchischer Ordnung: Vater, Mutter und die Kinder. Die Szene erfüllt die Grundbedingungen des oikos, der häuslichen Gemeinschaft, die Aristoteles idealiter als Muster und Voraussetzung eines „guten Lebens" deutet. In knapper Anschaulichkeit entwirft der Text das Familienmodell als Urszene und Basisinstitution der Gesellschaft, mit den Worten Hegels als „natürliches sittliches Gemeinwesen". Doch schon Aristoteles sah in der Familie keine isolierte Entität. Er legte Wert auf die Tatsache, daß der Hausgemeinschaft das Telos eines übergreifenden Sozialen innewohnt. Die Keimzelle des Familiären strebt nach der größeren, sie umschließenden Einheit, erst dort findet sie Sinn und Erfüllung. Solche Erweiterung gewinnt poetische Kontur in der Gestalt des Gastes, der als *guter Freund*, zugleich aber auch als *der Fremde* Erwähnung findet, in einer gewagten sprachlichen Differenzierung, die gerade in ihrer Widersprüchlichkeit das breite Spektrum möglicher sozialer Distanzverhältnisse markiert. Der Mittagsgast wirkt wie eine Art Sendbote aus ferneren Bezirken des gesellschaftlichen Umfeldes. Das Märchen beginnt mit einer idealtypischen Konstellation, der das gemeinsame Mahl den Charakter eines sozialen Rituals verleiht.

Doch die Familienidylle hat ihren verborgenen dunklen Fleck. Versteckt im Dielenboden der benachbarten Kammer liegen *zwei Heller*, die ihren seltsamen Aufenthaltsort zwar nicht einem Verbrechen, aber doch der nicht ganz aufrichtigen Gesinnung eines Kindes verdanken. Die Kleine übte seinerzeit nicht, wie von der Mutter verlangt, einen Akt der Barmherzigkeit, vielmehr behielt sie das für einen Armen bestimmte Almosen für sich und deponierte es im Dielenversteck. Diese Aktion, auf den ersten Blick ein eher harmloses Vergehen, stellt sich bei näherer Betrachtung durchaus als monetärer Sündenfall dar. Die Geldstücke werden den durch die Mutter repräsentierten moralischen Vorgaben der Familie entzogen und heimlich aufbewahrt. Man könnte vielleicht schon von einer Vorform des Hortens sprechen. Die Schatzbildung geht zudem noch einher mit einem eigensinnigen Verhalten des Kindes, welches sein individuelles Begehren gleichsam vom familiären Interesse abspaltet und sich heimlich eine eigene Geldsphäre erschafft. In nuce erfolgt hier eine Kapitalbildung, deren sittliche Bindung sich zu lockern beginnt. Das monetäre Interesse sucht sich einen Platz außerhalb der familiären Geldverhältnisse. Der Ort des Gelddepots ist dabei von raumsymbolischer Bedeutung. Das Verstecken der Münzen in den Dielenritzen markiert nicht nur den Akt der Abspaltung, es verrät zudem eine gewisse Neigung zu tieferen und kryptischen Bezirken. Zwar nur in Form einer andeutenden Gebärde, aber dennoch unverkennbar, lenkt die Aktion der Kleinen den Blick nach unten, weckt sie die bange Ahnung untergründiger Gewölbe, jener Räume, die sich dem Schatzbildner und auch dem Räuber so trefflich als plutonisches Geldversteck anbieten.

Die Kleine könnte freilich mildernde Umstände für sich geltend machen. Noch geht es nicht um Kapitalvermehrung um ihrer selbst willen. Das Begehren des Mädchens richtet sich auf einen plausiblen und vernünftigen Verwendungszweck des Geldes. Der beabsichtigte Kauf eines Zwiebacks verknüpft das Geldprinzip mit der Nahrungsbeschaffung, einer elementaren, durchaus berechtigten

Form menschlicher Daseinsvorsorge. Man mag ans Vaterunser und seine Bitte ums tägliche Brot denken oder an die Verehrung der Großen Kornähre in den eleusischen Mysterienkulten. Doch von solcher Unschuld des Anfangs scheint die Kleine sich zu entfernen. Ihr geht es nicht ums tägliche Brot, das in der hier beschriebenen Familie wohl ausreichend zur Verfügung stünde. Ihr Verlangen richtet sich auf einen Zwieback, auf eine Brotsorte, die wegen ihrer aufwendigeren Herstellung damals wie heute mehr kostet als gewöhnliches Brot. Ein leichtes Moment des Luxuriösen schleicht sich mit der kleinen Naschkatze ein. Im Wunsch nach dem Zwieback rumort ein Begehren, das in Richtung Konditorei, Kuchen und Gebäck weist und lukullischen Mehrwert ansteuert. In zarter Andeutung gibt der Text die Vorahnung jener Symbiose von Luxus und Kapitalismus, der Werner Sombart in seiner nach wie vor anregenden Studie nachspürt.

Das glückliche Ende kann hier nur in der Revision des monetären Sündenfalls bestehen. Diese restitutio in integrum wird von der Kleinen selbst geleistet. Als Wiedergängerin verläßt sie das Grab, um ihre zu Lebzeiten begangene Verfehlung zu sühnen. Sie reiht sich damit ein in die große Schar der Revenants, die in unzähligen totenmagischen Balladen und Erzählungen die Lebenden auf gespenstische Weise heimsuchen. In pointierender Formulierung brachte Salman Rushdie den Zweck des Wiedergängertums in eine griffige Definition: „What's a ghost? Unfinished business." Die Wiedergänger entsteigen ihren Gräbern, um eine zu Lebzeiten unerledigte oder gar mißratene Angelegenheit zum bösen oder, wie im vorliegenden Fall, zum guten Ende zu bringen. Für die Kleine ergab sich das unerledigte Geschäft aus den Wirkungen eines schlechten Gewissens, das der Toten keinen Frieden gestattete. Das veruntreute Geld blieb eine Art Pfahl im Fleische, eine perennierende moralische Last, die nach Wiedergutmachung verlangte. Wahrer Seelenfrieden war nur zu erlangen, wenn die abgezweigten Heller wieder zu Almosen würden. Geldtheoretisch formuliert: Das gehortete Kapital mußte wieder seiner geldexternen humanen Bestimmung zugeführt werden. In nuce eine historische Modellierung des Geldwesens, die auf zyklischem Verlauf besteht. Der anfänglich von der Mutter intendierte Verwendungszweck der Heller steht, als Almosen für den Armen, im Zeichen der Mildtätigkeit. Das Ursprungstelos des Geldes ist untrennbar verbunden mit der Orientierung an humanen Zwecken. Die kleine Unterschlagung des Mädchens, im Titel der Sage sogar als Diebstahl gebrandmarkt, entfremdet das Geld seinen Ursprüngen und lenkt es in Richtung Eigeninteresse und Kapitalbildung. Das wiedergängerische Erscheinen der Verstorbenen bringt diese Entfremdung ans Licht, zugleich bereitet es den Boden für die restitutio in integrum. Die Heller werden wieder zur mildtätigen Gabe für einen Armen, sie finden zurück zu ihrer ursprünglichen Bestimmung.

Viermal kehrt die verstorbene Kleine zurück in die elterliche Wohnung. Sie bleibt den Eltern und Geschwistern unsichtbar, nur der Gast ist in der Lage, das blasse Kind wahrzunehmen. Der Fremde scheint damit über tiefere Einblicke bezüglich der Familie seines Gastgebers zu verfügen. Er sieht, fast schon in einer Beobachtung zweiter Ordnung, Geschehnisse, die sich realiter und im übertragenen Sinne hinter dem Rücken der anderen Beteiligten abspielen. Doch zugleich ist auch er ein Unwissender, da er, in Unkenntnis über die Identität der Kleinen, das viermalige Erscheinen des Kindes nicht recht zu deuten vermag. Erst das Wissen der Eltern erschließt ihm die Wahrheit über die Wiedergängerin, wie aber auch umgekehrt die Eltern ohne die Informationen des Fremden ahnungslos blieben bezüglich ihrer wiedergängerischen Tochter. Es zeigen sich zwei fragmentarische Bruchstücke des Wissens, die erst als zusammengefügte die ganze Wahrheit der vergangenen und gegenwärtigen Geschehnisse an den Tag bringen. Der Gedanke an die sýmbola der griechischen Antike liegt nahe, an jenen exponierten Moment, wo man bislang getrennte Bruchstücke eines Rings oder Astragals zum Erkennungszeichen zusammenfügt und menschliches Vertrauen und soziales Einverständnis sicherstellt. So wird auch hier im Märchen die Wahrheit über die Kleine erst offenbar, als die beiden getrennten Wissensfragmente, die des Gastes und die der Familie, sich zusammenfinden. Erst diese gelungene soziale Synthesis erzeugt einen Erkenntnisstand, der dann praktischem Handeln Gelegenheit gibt, die dem sittlichen Horizont der Gesellschaft entzogenen Geldstücke wieder ihrer humanen Bestimmung zuzuführen.

Johann Peter Hebel
Der Wasserträger

In Paris holt man das Wasser nicht am Brunnen. Wie dort alles ins Große getrieben wird, so schöpft man auch das Wasser ohmweise in dem Strom, der hindurch fleußt, in der Seine, und hat eigene Wasserträger, arme Leute, die jahraus, jahrein das Wasser in die Häuser bringen und davon leben. Denn man müßte viel Brunnen graben für fünfmalhunderttausend Menschen in einer Stadt, ohne das unvernünftige Vieh. Auch hat das Erdreich dort kein ander trinkbares Wasser; solches ist auch eine Ursache, daß man keine Brunnen gräbt.

Zwei solche Wasserträger verdienten ihr Stücklein Brot und tranken am Sonntag ihr Schöpplein miteinander manches Jahr, auch legten sie immer etwas weniges von dem Verdienst zurück und setzten's in der Lotterie.

Wer sein Geld in die Lotterie trägt, trägt's in den Rhein. Fort ist's. Aber bisweilen läßt das Glück unter viel Tausenden einen etwas Namhaftes gewinnen und trompetet dazu, damit die anderen Toren wieder gelockt werden. Also ließ es auch unsere zwei Wasserträger auf einmal gewinnen, mehr als 100 000 Livres. Einer von ihnen, als er seinen Anteil heimgetragen hatte, dachte nach: Wie kann ich mein Geld sicher anlegen? Wie viel darf ich des Jahrs verzehren, daß ich's aushalte und von Jahr zu Jahr noch reicher werde, bis ich's nimmer zählen kann? Und wie ihn seine Überlegung ermahnte, so tat er, und ist jetzt ein steinreicher Mann, und ein guter Freund des Hausfreunds kennt ihn.

Der andere sagte: „Wohl will ich mir's auch werden lassen für mein Geld, aber meine Kunden geb ich nicht auf, dies ist unklug", sondern er nahm auf ein Vierteljahr einen an, einen Adjunkt wie der Haus-

freund, der so lang sein Geschäft verrichten mußte, als er reich war. Denn er sagte: „In einem Vierteljahr bin ich fertig." Also kleidete er sich jetzt in die vornehmste Seide, alle Tage ein anderer Rock, eine andere Farbe, einer schöner als der andere, ließ sich alle Tage frisieren, sieben Locken übereinander, zwei Finger hoch mit Puder bedeckt, mietete auf ein Vierteljahr ein prächtiges Haus, ließ alle Tage einen Ochsen schlachten, sechs Kälber, zwei Schweine für sich und seine guten Freunde, die er zum Essen einladete, und für die Musikanten. Vom Keller bis in das Speisezimmer standen zwei Reihen Bediente und reichten sich die Flaschen, wie man die Feuereimer reicht bei einem Brand, in der einen Reihe die leeren Flaschen, in der anderen die vollen.

Den Boden von Paris betrat er nimmer, sondern wenn er in die Komödie fahren wollte oder ins Palais royal, so mußten ihn sechs Bedienten in die Kutsche hineintragen und wieder hinaus. Überall war er der gnädige Herr, der Herr Baron, der Herr Graf und der verständigste Mann in ganz Paris. Als er aber noch drei Wochen vor dem Ende des Vierteljahrs in den Geldkasten griff, um eine Handvoll Dublonen ungezählt und unbeschaut herauszunehmen, als er schon auf den Boden der Kiste griff, sagte er: „Gottlob, ich werde geschwinder fertig, als ich gemeint habe." Also bereitete er sich und seinen Freunden noch einen lustigen Tag, wischte alsdann den Rest seines Reichtums in der Kiste zusammen, schenkte es seinem Adjunkt und gab ihm den Abschied. Denn am andern Tag ging er selber wieder an sein altes Geschäft, trägt jetzt Wasser in die Häuser wie vorher, wieder so lustig und zufrieden wie vorher. Ja, er bringt das Wasser selbst seinem ehemaligen Kameraden, nimmt ihm aus alter Freundschaft nichts dafür ab und lacht ihn aus.

Der Hausfreund denkt etwas dabei, aber er sagt's nicht.

Verpraßtes Geld

Zu Beginn das ferne Echo einer Urszene. Die Menschen schöpfen das lebensnotwendige Wasser aus dem Flusse nahe der Ansiedlung und bringen es in ihre Behausungen und Wohnstätten. Ohne das Wasser der Flüsse, der Bäche, Seen und Brunnen hätten die ersten Menschen nicht überleben können. Doch nun, im Paris um 1800, zeigt sich das Archaische überlagert vom sozialen Strukturwandel hin zur Moderne. Was einstmals Versorgung kleiner Dorfgemeinschaften war, ist hier *ins Große getrieben*. Es geht, in einer Zeit, in der die Häuser noch kaum Wasseranschluß hatten, um die Wasserbeschaffung für *fünfmalhunderttausend Menschen* und eine nicht unerhebliche Zahl von Tieren. Zu leisten ist dies nur durch eine der bedeutsamsten Errungenschaften sozialer Evolution, durch Arbeitsteilung. Nicht mehr ein Angehöriger jeder einzelnen Familie geht zum Fluß, um dort für sich und die Seinen das Wasser zu entnehmen. Diese Aufgabe übernimmt nun der ausschließlich auf diese Tätigkeit spezialisierte Wasserträger, Vertreter eines eigenen Berufsstandes, der zu Beginn des 19. Jahrhunderts allein in Paris ca. fünfzehntausend Mitglieder umfaßt. Der Wasserträger ist Teil jener sich sozial ausdifferenzierenden Infrastruktur, mit der es der bürgerlichen Gesellschaft gelingt, die eigene Versorgung und Bedürfnisbefriedigung durch immer neue Spezialisierungen und Berufe sicherzustellen. Als Spezialist für das Herbeischaffen des lebensnotwendigen Grundstoffes wird er für seine Leistung bezahlt, er übt seine Tätigkeit als Lohnarbeiter aus. Damit kommt das Geld ins Spiel. Es etablieren sich abstrakte soziale Beziehungsverhältnisse. Dem Wasserträger ist es egal, wem er das Wasser anliefert, wenn er nur regelmäßig und verläßlich seinen Lohn erhält. Von ähnlicher

Gleichgültigkeit ist das Geld als allgemeines Wertäquivalent. Geldschein und Münze lassen sich in alles verwandeln, in gute und schlechte Dinge, in moralisch einwandfreie, aber auch in verwerfliche, wenn nicht gar kriminelle Dienstleistungen. Hinzu kommt eine weitere Abstraktionsleistung der bürgerlichen Gesellschaft. Das Wasser wird *ohmweise dem Strom* entnommen. Die zu jener Zeit in manchen Regionen gebräuchliche Maßeinheit Ohm bezog sich auf ca. 150 Liter Flüssigkeit. Die Genauigkeit der Zahl bemächtigt sich jenes Elementes, das gemeinhin für ewiges Fließen und damit auch für Inkommensurabilität steht. Das Unstete des strömenden Flusses wird mathematischen Kriterien unterworfen, damit es bürgerlichen Rationalitätsansprüchen genügen kann. Nur die zuverlässige, auf Dauer konstante Berechnung der angelieferten Wassermenge stellt die Parameter bereit, nach denen sich die erbrachte Arbeitsleistung objektiv festlegen und schließlich bezahlen läßt. So bilden Arbeitsteilung, Realabstraktion des Kapitals und rechnendes Erfassen der Natur jene Trias, ohne welche die nach 1800 sich immer stärker formierende bürgerliche Gesellschaft nicht existieren könnte.

Die Wasserträger sind *arme Leute*. In knappen Worten skizziert der Text gesellschaftliche Klassenverhältnisse. Implizit und via negationis verweist er auf die reichen Häuser, in die das Wasser geliefert wird. Nicht weniger ist die Mühsal zu spüren, wenn der Wasserträger *jahraus, jahrein* seine schwere Last vom Fluß in die Wohnungen der Kunden bringen muß. Man weiß aus jener Zeit, daß manche sich als Transportmittel einen kleinen Handwagen zulegen konnten. Die meisten freilich schleppten das Wasser in zwei Eimern, die zur Rechten und zur Linken an einem über die Schulter gelegten hölzernen Joch befestigt waren. Eine enorme physische Belastung, zumal bei täglich bis zu zehn Stunden Arbeit. Und doch scheinen die beiden Wasserträger in den Augen des Hausfreundes alles in allem zufrieden mit ihrem Schicksal. Der verniedlichende Hinweis auf das *Stücklein Brot* und auf das sonntägliche *Schöpplein* verbrämt beider Leben mit einem Hauch von Idylle, dem sich mit den Bildern von Brot und Wein noch die Spur eines religiös grundierten Weltvertrauens hinzugesellt.

Machen in der Art der Wasserversorgung sich noch Spuren des Archaischen bemerkbar, so hallt in der Personifikation des Glücks das Echo des Mythos nach: die Göttin Fortuna, die ihre Wohltaten recht willkürlich und unberechenbar den Menschen zukommen läßt. Doch hier nun wurde das Glück der rationalen Disposition bürgerlicher Gesellschaft dienstbar gemacht. Das Wesen der *Lotterie*, einer genuin neuzeitlichen Erfindung, besteht in der Fusion des Zufalls mit der durch die Wahrscheinlichkeitsrechnung gewährleisteten mathematischen Kontrolle. Der Gesamtgewinn der Lotteriegesellschaft ist immer größer als die Summe der ausgeschütteten Einzelgewinne. Der Zufall, das Unerwartete, wird in die sichere Kalkulation der Profiterwartungen eingebaut und somit der Abstraktion des Geldprinzips unterworfen. Nimmt man alle Lotteriespieler zusammen, so ergibt sich für diese Gruppe ein Minusgeschäft. Die Chance auf Gewinn bleibt stets minimal. Nur für wenige vermehrt sich das eingesetzte Kapital, für die meisten gilt: *Wer sein Geld in die Lotterie trägt, trägt's in den Rhein. Fort ist's.* Um diese schlichte Wahrheit zu vernebeln und zu marginalisieren, verbündet sich das Lotteriespiel mit der Werbung, einer weiteren Errungenschaft bürgerlicher Gesellschaft. Gewinnt einer *unter viel*

Tausenden eine große Summe, so startet das Glück eine Werbeoffensive. Es *trompetet* den Gewinn in die Welt hinaus, wahrscheinlich mittels Zeitung und Mundpropaganda, *damit die anderen Toren wieder gelockt werden.* Die äußerst hellsichtige Vorahnung des werbeträchtigen Medienrummels, den heute jeder Gewinn eines großen Jackpots auslöst. Die Göttin Fortuna im Dienste des Kapitals.

Was macht man mit einem großen Lottogewinn? Vorgestellt werden zwei Varianten. Die eine basiert auf der im Kapitalismus zentralen und zeitlosen Frage: *Wie kann ich mein Geld sicher anlegen?* Es ist dies die finanzielle Option des ersten Wasserträgers, der Zinsgewinne und Ausgaben dergestalt kalkuliert, daß er immer reicher wird. Doch solche Kapitalanhäufung, bei der nur so viel verzehrt wird, *daß ich's aushalte,* führt zur Deformation dessen, der sich dieser innerweltlichen Askese verschreibt. Am Ende ist der erste Wasserträger *ein steinreicher Mann,* eine Bezeichnung, die nun weit mehr ist als gängige Trivialmetapher. Man kann sie deuten als Hinweis auf die zunehmende Verhärtung, Erstarrung und Petrifizierung der gesamten Persönlichkeit. Eine Verdinglichung, die den Betroffenen gleich macht mit der kalten Realabstraktion des Geldprinzips. So nimmt es auch nicht wunder, daß das Schicksal dieses Wasserträgers auf nur wenigen Zeilen abgehandelt wird. Ein solchermaßen erstarrtes Dasein entbehrt der lebendigen und sinnlichen Vielfalt, von der ausführlich zu berichten wäre. Dies erklärt auch den Singular des Titels. Nur über den Geldverschwender läßt sich hier anschaulich erzählen. Beim asketischen Kollegen hat Individualität sich entäußert ans Kapital und existiert nur noch in der Schwundstufe fort. Für ihn gilt Ferdinand Kürnbergers Wort, das Theodor W. Adorno seinen „Minima Moralia" als Motto voranstellte: „Das Leben lebt nicht." Noch die Tatsache, daß der *Hausfreund* von diesem Reichen nur über einen Mittelsmann Kenntnis hat, mag als diskreter Hinweis gelten auf eine soziale Sphäre, in der Face-to-Face-Interaktionen den abstrakteren, weil vermittelten gesellschaftlichen Beziehungsverhältnissen der modernen Gesellschaft zu weichen beginnen.

Der erste Wasserträger möchte so reich werden, bis er sein Geld *nimmer zählen kann*. Es zeigt sich ein Unendlichkeitsdrang, den gerade die Wunschmaschine Geld besonders weckt und stimuliert. Doch von konkreten Wünschen kann beim ersten Wasserträger keine Rede sein. Ihm geht es um die schiere Selbstvermehrung des Geldes, um die Akkumulation des Kapitals. Der Steinreiche richtet sich ein im Kerker monetärer Selbstreferenz, in den er sich freiwillig hineinbegibt. Seine Sehnsuchtsziele verbleiben völlig in der Geldsphäre. Es geht nur um Akkumulation, um quantitativen und nicht um qualitativen Zuwachs. Die von der Immanenz des Monetären gesetzten Grenzen werden nicht überschritten. Der zweite Wasserträger hingegen gibt schon im ersten Satz zu erkennen, daß seine Erwartungen von völlig anderer Natur sind: *Wohl will ich mir's auch werden lassen für mein Geld*. Der Lottogewinn soll sein Wohlergehen befördern. Damit ist das Geld nicht, wie beim Kollegen, bloßer Selbstzweck, sondern Mittel für andere, für geldexterne Ziele. Die beträchtliche Geldsumme wird bezogen auf konkrete Sinnperspektiven, die außerhalb der Selbstreferenz des Monetären liegen. Das Wort *Wohl* gerät dabei zum vielsagenden Indikator. Etymologisch verweist es auf das Gute und Wünschbare, dies mit Bezug auf lebenspraktische Erfordernisse. Der zweite Wasserträger stellt das Geld in den Dienst des Lebens.

Trotz des plötzlichen Reichtums will der zweite Wasserträger seine Kunden nicht aufgeben, dies sei *unklug*. Er möchte Fühlung behalten zu seinem alten, seinem bisherigen Leben. Er hält fest an seiner Vergangenheit und nimmt damit dem Geld die Möglichkeit, Geschichte zu suspendieren. Auf nachgerade kryptische Weise, fast instinktiv, gerät dieser Entschluß zur Schutzmaßnahme gegenüber einer der heikelsten Eigenschaften des Kapitals. Den einzelnen Münzen und Geldscheinen sieht man nicht die Geschichte ihres Erwerbs an, nicht die Leistungen, Mühen und Entbehrungen, die ihren Besitz ermöglichten. Das Kapital steht in einem rein abstrakten, unpersönlichen Verhältnis zur Vergangenheit. Es ist ein Erinnern ohne Erinnerungen. Dieser Vergangenheitsblindheit bietet der Wasserträger im Rahmen seiner begrenzten Möglichkeiten Paroli, indem er für sich selbst den Bezug zur Vergangenheit beibehält, ihn sogar planvoll absichert. Er mietet sich einen *Adjunkt*, er bleibt seinem bisherigen Leben in persönlicher wie symbolischer Repräsentanz verbunden. Er behält die Verfügungsgewalt über die eigene Vergangenheit und damit über die eigene Geschichte. Deutlich wird das Bemühen, in Sachen Kapital Herr des Verfahrens zu bleiben.

Der Wasserträger stellt seinen Ersatzmann nur für einen begrenzten Zeitraum ein, solange er selbst reich ist. Er behandelt damit seinen Reichtum als eine nur vorübergehende Etappe des eigenen Lebens, als eine Phase, von deren Dauer er sogar recht genaue Vorstellungen hat: *In einem Vierteljahr bin ich fertig*. Zur aufrechterhaltenen Bindung an die Vergangenheit gesellt sich ein Verfügen über die Zukunft seines Kapitals, das man durchaus als souverän bezeichnen kann. Das Geld bleibt bloßes Mittel, eine Selbstpreisgabe an die Macht des Geldes findet nicht statt. In der kapitalistischen Ökonomie sind genau fixierte Zeithorizonte zumeist gekoppelt an die vorausberechnete Selbstvermehrung des Geldes, etwa in Form von jährlich anfallenden Zinserträgen und Dividenden. Hier jedoch geht es nicht um Geldvermehrung, sondern um Geldverschwendung, wobei dieser zumeist anrüchige Begriff nun mit positiven Akzenten versehen wird. Wo Geld bloßes Mittel zum Zweck bleibt, wo es in den Dienst des Lebens gestellt wird, dort kann seine Verminderung nicht ausbleiben. Deutlich wird ein Verhältnis zum Geld, das entscheidende Prämissen kapitalistischen Wirtschaftens konterkariert und unterläuft. Statt einer als zeitlos, weil unbefristet gedachten Akkumulation, wie sie dem ersten Wasserträger vorschwebt, hier nun das Geld als eine Art zeitlich befristete Ressource für ein Leben gemäß eigenen Wünschen. Es herrscht nicht mehr der Terminplan des Kapitals, sondern der des individuellen Lebens.

Die in voller Absicht befristete Lebensform, in die der zweite Wasserträger nun eintaucht, ist die des großbourgeoisen Luxus. Als erstes findet die *vornehmste Seide* Erwähnung, jener Kleiderstoff, der seit dem 18. Jahrhundert, folgt man Werner Sombarts Analysen zum Verhältnis von Luxus und Kapitalismus, aus der Welt der Reichen nicht mehr wegzudenken ist. Insofern handelt der Wasserträger nur konsequent, wenn er seine Verwandlung bei der Kleidung beginnen läßt, mit jener Form der Selbstdarstellung, die in der *beauté fugitive* der Mode eine Art ästhetisches Perpetuum mobile vorfindet. Die abstrakte Wertform des Geldes entäußert sich dabei in die nachgerade lustvolle Präsentation optischer Vielfalt: *alle Tage ein anderer Rock, eine andere Farbe.* Dies steht in deutlichem Kontrast zur Einförmigkeit der Kapitalakkumulation, welcher sich der erste Wasserträger verschrieb. Bei diesem das Immergleiche der Geldform, die alles Individuelle nivelliert und damit auflöst. Beim anderen eine im wörtlichen Sinne bunte Vielfalt, für die das Geld sich in ein Mittel des Lebensgenusses verwandelt. Der Hinweis auf die Revue der farbenfrohen Röcke kulminiert demgemäß in einer raffinierten Pointe: *einer schöner als der andere*. Die beim ersten Wasserträger zentrale Akkumulation des Geldes findet ihr positives Pendant in der Erweiterung ästhetischer Valeurs. Hier wie dort herrscht das Prinzip der Vermehrung. Beim Geld freilich in der bloß quantitativen Zunahme eines prinzipiell einförmigen Mediums, im Bereich des Ästhetischen hingegen in der Steigerung lebendiger Mannigfaltigkeit.

Der Wasserträger verschafft sich *ein prächtiges Haus*, doch trotz seines vielen Geldes kauft er es nicht, er mietet es nur *auf ein Vierteljahr*. Die Befristung setzt alles außer Kurs, was man dem Besitzer eines Hauses an solider Seßhaftigkeit und an dauerhafter Existenz zuschreiben könnte. Das prächtige Gebäude wird stattdessen zum Ort des nur kurzen Verweilens, obendrein noch zu einer Art Bühne, auf welcher der Anmieter ein zeitlich genau terminiertes Gastspiel gibt. Insofern wechselt der Wasserträger nicht seine Existenzform. Er bleibt eher der Arme, der Gelegenheit erhält, den Reichen zu spielen. Die Fristsetzung gewährleistet eine spielerische Distanz zum Reichtum, so wie man am Fasching in eine bestimmte Rolle schlüpft, wohl wissend, daß am Aschermittwoch alles vorbei sein wird. Dieses Moment des Theatralen tritt auch hervor, wo der Reiche sich *alle Tage* recht aufwendig frisieren läßt: *sieben Locken übereinander, zwei Finger hoch mit Puder bedeckt*. Als säße ein Schauspieler in der Theatergarderobe und ließe sich für seinen Auftritt herrichten. All dies verleiht dem Verhalten des Wasserträgers das Gepräge einer spielerischen Distanz zur Existenzform des Reichen. Dieser Lottogewinner verfällt nicht der Welt des Reichtums, er stattet ihr nur einen kurzen Besuch ab, wie der Tourist, der sich eine bestimmte Gegend anschaut. Dadurch behält er seine Freiheit, zugleich wird er, ohne sich dessen bewußt zu sein, zum Ironiker. Er spielt mit dem Geld, nicht auf der Spielbank, sondern im Rahmen seiner Selbstinszenierung als Reicher.

Das äußerst aufwendige tägliche Herrichten der Frisur wird in präzisen Zahlenangaben veranschaulicht: *sieben Locken übereinander, zwei Finger hoch mit Puder bedeckt.* Gleiches gilt für die reichhaltigen Mahlzeiten, für die der Wasserträger *alle Tage einen Ochsen* schlachten läßt, dazu *sechs Kälber* und *zwei Schweine.* Eine Rechenoperation, die man eher im Bereich der Geldwirtschaft vermuten möchte, welche ohne die Magie der Zahl undenkbar wäre. Insofern hat die numerische Präsentation von aufwendiger Frisur und opulenter Mahlzeit etwas von bilanzierender kaufmännischer Auflistung. Doch die semantische Nähe zur Geldsphäre dient erst recht der Profilierung des Kontrastes zwischen erstem und zweitem Wasserträger. Das Rechenhafte bezieht sich nicht mehr auf das zahlenmäßige Bilanzieren der Kapitalakkumulation. Vielmehr steht es nun im Dienste des leiblichen Wohls und der Sinnesfreude. Die dürre Zahl, in der Geldsphäre nur ein abstrakter Nivellierer, dient hier der Veranschaulichung opulenten Lebensgenusses.

Die Sinnenlust des Wasserträgers kennt weder Egoismus noch Knauserei. Dieser Reiche teilt die Früchte seines Vermögens mit anderen. Er lädt *seine guten Freunde* zum Essen ein, sogar die zur Tafel aufspielenden *Musikanten* werden reichlich beköstigt. Vom ersten Wasserträger ist nichts dergleichen bekannt, nur daß er als *steinreicher Mann* gilt. Ansonsten bleibt er eine soziale Leerstelle. Man erfährt nichts über seine konkrete Lebensführung oder seine gesellschaftlichen Kontakte. Hebels spendabler Reicher hingegen scheint um die unabdingbare gesellschaftliche Dimension des rechten Genießens zu wissen, um die Tatsache, daß erst im Äther des Sozialen, im Kreise anderer wohlgesinnter Menschen, sich echte Lebensfreude entfalten kann. Getreu der Maxime Goethes, wahres Behagen könne erst dort entstehen, wo man sich selbst und anderen im Genusse angehört. Illustriert wird die hochkonsumtive Lebensführung des Wasserträgers in einer kleinen ans Absurde grenzenden Szene. *Vom Keller bis in das Speisezimmer standen zwei Reihen Bediente und reichten sich die Flaschen, wie man die Feuereimer reicht bei einem Brand, in der einen die leeren Flaschen, in der anderen die vollen.* Derlei kontinuierliche Versorgung erinnert motivisch an die vormalige Tätigkeit des Wasserträgers. Doch nun sind an die Stelle des Wassers flüssige Genußmittel getreten. Da der Inhalt der Flaschen nicht angegeben wird, bleibt es der Leserschaft überlassen, diese nach eigenem Gusto mit Champagner, Wein, Bier, Spirituosen oder Ähnlichem zu füllen. Der Hinweis auf die zu Löschzwecken eingesetzten Feuereimer verleiht der szenischen Skizze nicht nur eine zusätzliche Dynamik, sie spielt womöglich auch mit der Doppelbedeutung eines Wortes, welches das Löschen eines Brandes ebenso meinen kann wie das Löschen des Durstes.

Der genaue Beobachter Hebel weiß sehr wohl, daß Reichtum immer die Gefahr mit sich bringt, die Bodenhaftung mit der Realität zu verlieren. Der Wasserträger vermeidet es, bei Ortswechseln *den Boden von Paris* zu betreten. Auf eigenen Füßen bewegt er sich nur in Innenräumen, der ‚bodenständige‘ Kontakt mit der Stadt Paris findet nicht statt. Das Straßenpflaster berührt er nicht, weil ihn die Diener hinein in die Kutsche *und wieder hinaus* tragen. Mit feinem Gespür vermittelt der Text die heutzutage hochaktuelle Erkenntnis, daß Reichtum tendenziell zu sozialer Exklusivität führt. Es entsteht eine gesellschaftliche Klasse, die sich abschottet von ‚denen da draußen‘. Heute spricht die Soziologie von den gated communities der Reichen und Superreichen. Zu dieser Abschottung gehört der Kult der feinen Unterschiede. Dessen Vorbild fand um 1800 der zu Wohlstand gekommene Bürger in den elitären Verhaltensritualen und in den Luxusszenarien einer Adelsschicht, die über Jahrhunderte reichlich Zeit und Gelegenheit hatte, die Kunst der sozialen Exklusion bis in kleinste mimische und gestische Details einzuüben. Insofern ist es nur folgerichtig, daß der Wasserträger vielen als *Herr Baron* oder *Herr Graf* gilt. Mit Blick auf diese Tatbestände scheint er in ein moralisch bedenkliches Licht zu rücken. Auf ihn fallen die dunklen Schatten des Reichtums. Doch diese lassen sich bei einem Ausflug in die Welt des Reichtums nicht vermeiden. Wer reich wird, so die Botschaft des Textes, kann nicht umhin, auch auf heikle Weise reich zu sein. Doch da der Wasserträger nur einen zeitlich befristeten Pakt mit dem Geld schließt, bietet sich ihm die Chance der moralischen Entschuldung. Als einer, der nur einen kurzen Ausflug in die Welt des Reichtums unternimmt, bleibt er in jener Distanzhaltung, die ihn davor schützt, völlig eins zu werden mit den unsozialen Seiten des Kapitals.

Nur ein einziges konkretes Gebäude der Weltstadt Paris wird namhaft gemacht, der *Palais royal*. Die namentliche Erwähnung verleiht dem historischen Bauwerk raumsymbolische Bedeutung, wobei der Hinweis auf die Komödie für zusätzliche Fokussierung sorgt. Es geht um jenen Teil des Palais Royal, der die Comédie-Française beherbergt, als deren Vorgängerbühne das Theater Molières gelten kann. Die architektonische Reminiszenz rückt das Geschehen um den Wasserträger in eine diskrete Beziehung zur Welt des großen französischen Komödiendichters, mit ihren Parvenüs, die wie der neureiche Monsieur Jourdain es den vornehmeren Kreisen gleichtun möchten und dabei Schiffbruch erleiden. Hebels Wasserträger entgeht diesem Schicksal, weil er stets Herr des Verfahrens bleibt. Sein Ausflug in die höheren Stände begreift sich von vornherein als zeitlich begrenzte Stippvisite. Damit ist der Wasserträger, mit Rilke gesprochen, allem Abschied schon voran und zugleich gefeit vor jeglicher Verblendung. Das Ende kann somit nicht, wie noch bei Molière, Scheitern bedeuten, nicht Desillusionierung und Blamage, sondern fröhlichen Abschied von einer kurzen Lebensphase, um deren Episodisches man jederzeit wußte.

Die fröhliche Geldverschwendung des Wasserträgers hat etwas von Verausgabung und Potlatch. Sie unterläuft die beim ersten Wasserträger zu beobachtenden Imperative kapitalistischen Wirtschaftens, vor allem die innerweltliche Askese im Dienste und zum Zwecke der Akkumulation des Kapitals. Stattdessen die exzessiven Verausgabungen des spendablen Wasserträgers, die insofern an Potlatch grenzen, weil dieser Art der Verschwendung Elemente eines sozialen Gemeinschaftserlebnisses beigemischt sind, das sich vor allem in festlichen Begängnissen Ausdruck verschafft: ein lustvolles Gelage mit Freunden, bei dem man reichlich trinkt und sich ausgiebigem Essen hingibt. Das Spiel der Musikanten versieht die Szenerie mit den Spuren des Festlich-Rituellen. Der Text zeichnet damit schon im frühen 19. Jahrhundert die Umrisse jener Ökonomie der Verausgabung, die Georges Bataille später als subversives Gegenmodell zur leib- und subjektfeindlichen Realabstraktion des Kapitals zu entwerfen sucht.

Auf den Wasserträger fällt jener Zauberschein des Goldes, dem schon Shakespeares Timon von Athen eine sarkastisch-misanthropische Huldigung darbringt: Es „macht den Aussatz lieblich", es gibt Rang und Einfluß „im Rat der Senatoren", es „führt der überjährigen Witwe die Freier zu". Bei Hebel bewirkt die Magie des Geldes eine Art Nobilitierung des einfachen Mannes: *Überall war er der gnädige Herr, der Herr Baron, der Herr Graf und der verständigste Mann in ganz Paris.* Das liest sich wie die szenische Vorwegnahme der bekannten Geldanalyse, in welcher der junge Karl Marx erste Grundzüge seiner Kapitalismuskritik entwirft: „Was durch das Geld für mich ist, was ich zahlen, d. h., was das Geld kaufen kann, das bin ich, der Besitzer des Geldes selbst. So groß die Kraft des Geldes, so groß ist meine Kraft. Die Eigenschaften des Geldes sind meine – seines Besitzers Eigenschaften und Wesenskräfte." Der Shakespeare-Kenner Marx läßt sich an dieser Stelle nicht die Gelegenheit entgehen, ausführlich die erwähnte „Timon"-Passage anzuführen.

Noch vor Ablauf der selbstgesetzten Frist greift der Wasserträger *in den Geldkasten,* um eine *Handvoll Dublonen* herauszunehmen. Die Bildfügung bedient sich einer bekannten Pathosformel, freilich in der Absicht, diese sogleich zu konterkarieren. Die Literatur ist voll von Schatzbesitzern, die ihre Truhen öffnen, um sich in ängstlicher Emphase ihres Geldes zu versichern. Man denke nur an den Euclio des Plautus, den paranoiden Hüter eines Goldtopfes, an Ben Jonsons Volpone, der zur Morgenstunde sein Gold anbetet, auch an Molières Harpagon, der immer wieder heimlich den Inhalt seiner geliebten Kassette überprüft, nicht zuletzt an Carl Sternheims Oberlehrer Krull, der zu nächtlicher Stunde eine mit Wertpapieren angefüllte Kassette andächtig bestaunt. Doch hier handelt es sich um Geizhälse, denen es um die sichere Aufbewahrung des Geldes geht, nicht um dessen Entnahme und Verschwendung. Auch nimmt der Wasserträger seine Goldstücke *ungezählt und unbeschaut* heraus. Er unterläßt die fast schon reflexhafte Attitüde des geizigen Schatzbildners, der sein Gold immer wieder nachzählt, es mit Wohlgefallen anschaut, um alsdann die Truhe wieder sorgsam zu verschließen. Ihm geht es nur darum, das Geld mit souveräner Geste weiterer Verschwendung zuzuführen. Keine Pein verursacht ihm dabei die Tatsache, daß er *schon auf den Boden der Kiste* greifen muß, daß die Truhe bald leer und bald kein Geld mehr da sein wird, eine Erkenntnis, die einem Euclio oder Volpone, einem Harpagon oder Krull wohl zur existenziellen Katastrophe geriete.

Durch den gesamten Text zieht sich die an Bedeutungsvarianten reiche Metaphorik des Wassers. Sie beginnt mit der Seine, aus der sich ganz Paris mit Wasser versorgt. Gleichsam auf leisen Sohlen bemächtigt das Motiv sich des Themas Geld, mit dem warnenden Hinweis, wer sein Geld in die Lotterie trage, der werfe es in den Rhein. Diese metaphorische Verknüpfung gewinnt schließlich schärferes Profil in jenem Moment, da der zweite Wasserträger sei-

nem Geldkasten die letzten Golddublonen entnimmt: Er *wischte
alsdann den Rest seines Reichtums in der Kiste zusammen*. Die Gebärde des Aufwischens bringt einen wichtigen semantischen Aspekt des Geldes zur Sprache, die Metaphorik des Liquiden, die häufig dort Verwendung findet, wo es darum geht, monetäre Besitzver-
hältnisse anschaulich zu machen: Ein Unternehmen geht pleite und
wird liquidiert; verfügt man über Geld, so ist man flüssig; besitzt
man besonders hohe Summen, so schwimmt man im Geld; in der
Welt des Monetären spricht man von Kapitalabflüssen und von
Geldströmen; nicht zuletzt die altbekannte Klage, das Geld zerrin-
ne einem zwischen den Fingern. Die Synthese von Geld und Wasser ist hier durchaus positiv konnotiert. Sie bietet das plastische
Gegenbild zum ersten Wasserträger, der mittels asketischer Kapitalanhäufung ein *steinreicher Mann* wurde. Solch lebensfeindlicher
Verhärtung entgeht der lebensfrohere Kollege, indem er sein Geld
zum eigenen Wohlergehen beweglich und flüssig hält, das Gold in
den Geld- und Warenkreislauf im wörtlichen Sinne einspeist, mit
dem Ziel, es geldexternen Zwecken zuzuführen, die sich an den
Freuden des eigenen Lebens orientieren. Am Ende ist er wieder der
Wasserträger, der er zu Beginn war, und doch ist er kein Geschei-
terter. Ein aussagekräftiges Verlaufsmuster wird erkennbar: Die
Wassermetaphorik oszilliert in die Geldsphäre, um alsdann zum
Anfang zurückzukehren. Damit erscheint die Verbindung von Geld
und Liquidem als nur vorübergehende Phase einer zyklischen Bewegung, in genauer Entsprechung zum bloß episodischen Stellenwert, den der Reichtum im Leben des Wasserträgers erhält.

Der Wasserträger kehrt nach der fröhlichen Verausgabung fast seines gesamten Vermögens zurück in seinen alten Beruf. Den *Rest*

seines Reichtums schenkt er seinem Stellvertreter, dem er *den Abschied* gibt. Eine generöse Aktion, der man nachgerade zukunftsweisende Bedeutung attestieren kann. Der Wasserträger bemüht sich augenscheinlich um das, was man heute die sozialverträgliche Auflösung eines Arbeitsverhältnisses nennen würde. Er erfindet das Prinzip der finanziellen Abfindung, das sich Arbeiterverbände und Gewerkschaften erst sehr viel später als einen bis heute fragilen Rechtsanspruch erkämpften. Der Adjunkt freilich braucht solche Arbeitnehmerrechte erst gar nicht einzufordern. Aus eigenem Antrieb, womöglich aus sozialer Verantwortung, ist hier der Arbeitgeber spontan bereit, eine Entlassung finanziell abzumildern, und dies noch bei einem Zeitvertrag, einer Vereinbarung, für die noch heutzutage das Arbeitsrecht solche Abfindungen kaum vorsieht.

Die Rückkehr des Wasserträgers in sein *altes Geschäft*, schon *am andern Tag*, demonstriert den problemlosen, von keinerlei Wehmut getrübten Übergang vom Reichtum ins ärmliche Leben. Mit der Rückkehr in das bescheidene Dasein vor dem Lottogewinn scheint sich ein Kreis zu schließen. Doch eher wird man von einer Spiralbewegung sprechen müssen. Der in seinen früheren Beruf Zurückkehrende hatte ja für eine gewisse Zeit als reicher Mann gelebt und die Vorteile des Reichtums auf eigene Weise zu nutzen versucht. Das bescheidene Leben, in das er nun zurückfindet, hat eine andere Qualität als sein früheres. In nachgerade hegelscher Dialektik deutet sich ein dritter Zustand an, der den Gegensatz von arm und reich zu vermitteln scheint. Dessen Ausdruck ist ein Überlegenheitsgefühl, eine heitere Distanz zur Welt, kraft welcher der Rückkehrer es sich sogar leisten kann, seinem steinreichen Kameraden das Wasser unentgeltlich ins Haus zu bringen. Am Ende kann der

Arme den Reichen sogar auslachen: ein demokritisches Lachen, das den Verblendungszusammenhang des zum puren Selbstzweck entarteten Geldprinzips durchschaut. Wer seinen Reichtum fürs eigene Leben, fürs eigene Wohlergehen zu nutzen verstand, dem enthüllt sich die innerweltliche Askese des *ehemaligen Kameraden* als Torheit und Vanitas, als Manifestation eines Lebens, das nicht lebt. Und doch beschleicht den Leser angesichts eines solchen Schlusses ein zwiespältiges Gefühl. Kann der in sein altes Geschäft Zurückgekehrte wirklich so *lustig und zufrieden* sein angesichts der körperlichen Belastungen seines harten Berufes? Zweifel sind angebracht. Sehr schnell wäre man bei Rilkes heikler Feststellung, Armut sei „ein großer Glanz aus Innen". Hebels Hausfreund läßt durchaus Raum für solche Bedenken. Gibt er in anderen Kalenderblättern mitunter deutlich seine Meinung zu erkennen, so hält er sich hier auf fast schon provozierende Weise zurück. Die Leserschaft wird allein gelassen und muß sich ihr eigenes Urteil bilden.

Friedrich Hebbel
Der Heideknabe

Der Knabe träumt, man schicke ihn fort
Mit dreißig Talern zum Heide-Ort,
  Er ward drum erschlagen am Wege
  Und war doch nicht langsam und träge.

Noch liegt er im Angstschweiß, da rüttelt ihn
Sein Meister, und heißt ihm, sich anzuziehn
  Und legt ihm das Geld auf die Decke
  Und fragt ihn, warum er erschrecke.

„Ach Meister, mein Meister, sie schlagen mich tot,
Die Sonne, sie ist ja wie Blut so rot!"
  Sie ist es für dich nicht alleine,
  drum schnell, sonst mach' ich dir Beine!

„Ach Meister, mein Meister, so sprachst du schon,
Das war das Gesicht, der Blick, der Ton,
  Gleich greifst du" – zum Stock, will er sagen,
  Er sagt's nicht, er wird schon geschlagen.

„Ach Meister, mein Meister, ich geh', ich geh',
Bring' meiner Mutter das letzte Ade!
  Und sucht sie nach allen vier Winden,
  Am Weidenbaum bin ich zu finden!"

Hinaus aus der Stadt! Und da dehnt sie sich,
Die Heide, nebelnd, gespenstiglich,
  Die Winde darüber sausend
  „Ach, wär hier e i n Schritt, wie tausend!"

Und alles so still, und alles so stumm,
Man sieht sich umsonst nach Lebendigem um,
  Nur hungrige Vögel schießen
  Aus Wolken, um Würmer zu spießen.

Er kommt ans einsame Hirtenhaus,
Der alte Hirt schaut eben heraus,
  Des Knaben Angst ist gestiegen,
  Am Wege bleibt er noch liegen.

„Ach Hirte, du bist ja von frommer Art,
Vier gute Groschen hab' ich gespart,
  Gib deinen Knecht mir zur Seite,
  daß er zum Dorf mich begleite.

Ich will sie ihm geben, er trinke dafür
Am nächsten Sonntag ein gutes Bier,
  Dies Geld hier, ich trag' es mit Beben,
  Man nahm mir im Traum drum das Leben!"

Der Hirt, der winkte dem langen Knecht,
Er schnitt sich eben den Stecken zurecht,
  Jetzt trat er hervor – wie graute
  Dem Knaben, als er ihn schaute!

„Ach Meister Hirte, ach nein, ach nein,
Es ist doch besser, ich geh' allein!"
    Der Lange spricht grinsend zum Alten:
    Er will die vier Groschen behalten.

„Da sind die vier Groschen!" – Er wirft sie hin
Und eilt hinweg mit verstörtem Sinn.
    Schon kann er die Weide erblicken
    Da klopft ihm der Knecht in den Rücken.

Du hältst es nicht aus, du gehst zu geschwind,
Ei, Eile mit Weile, du bist ja noch Kind,
    Auch muß das Geld dich beschweren,
    Wer kann dir das Ausruhn verwehren!

Komm, setz' dich unter den Weidenbaum
Und dort erzähl' mir den häßlichen Traum,
    Mir träumte – Gott soll mich verdammen,
    Trifft's nicht mit deinem zusammen!

Er faßt den Knaben wohl bei der Hand,
Der leistet auch nimmermehr Widerstand,
    Die Blätter flüstern so schaurig,
    Das Wässerlein rieselt so traurig!

Nun sprich, du träumtest – „Es kam ein Mann - "
War ich das? Sieh mich doch näher an,
    Ich denke, du hast mich gesehen!
    Nun weiter, wie ist es geschehen?

„Er zog ein Messer!" – War das, wie dies? -
„Ach ja, ach ja!" – Er zog's? – „Und stieß - "
    Er stieß dir's wohl durch die Kehle?
    Was hilft es auch, daß ich dich quäle!

Und fragt ihr, wie's weiter gekommen sei?
So fragt zwei Vögel, sie saßen dabei,
    Der Rabe verweilte gar heiter,
    Die Taube konnte nicht weiter!

Der Rabe erzählt, was der Böse noch tat,
Und auch, wie's der Henker gerochen hat,
    Die Taube erzählt, wie der Knabe
    Geweint und gebetet habe.

Tatort Heide

Ein Gedicht mit dem Titel *Der Heideknabe* läßt Idyllisches vermuten. Man mag an einen kleinen Schäferjungen und seine Schafherde denken, auch an eines jener bukolischen Genrebilder, wie es fast zur gleichen Zeit Annette von Droste-Hülshoff in ihrem Poem „Das Haus in der Heide" entworfen hatte: „Am Horizonte Hirten, die / Im Heidekraut sich strecken." All dies in einer Landschaft, die Theodor Storm fünf Jahre später im Gedicht „Abseits" als idyllische Enklave fern der Stadt und der „aufgeregten Zeit" beschwören wird. Kind und Heidelandschaft, beide vereint im friedlichen Bild der Versöhnung von Mensch und Natur. Doch schon bei der Droste trägt die Heide nicht nur idyllische Züge. Die Ballade „Der Knabe im Moor", nachgerade gespickt mit panischen Angstphantasien eines Kindes, endet mit einem Fazit, in dem die elementare Furcht vor der unbewältigten, mithin dämonisch erscheinenden Natur nachhallt: „O schaurig war's auf der Heide." Plötzlich entpuppt sich das Wort Heide als Synonym des Moores, jener gefährlichen Welt, in der man wahrhaft Gefahr läuft, den Boden unter den Füßen zu verlieren. Im Droste-Gedicht „Der Heidemann" gewinnt dieses Angstszenario anthropomorphe Konturen in der Titelfigur, in der sich die bedrohlichen Seiten der Natur zur mythischen Gestalt verdichten. Auch hier erscheint die Welt der Kinder als eine von Grund auf gefährdete, daher die refrainartig vorgetragene Warnung an die Kleinen, die nächtliche Heide zu meiden und im Schutz menschlicher Behausungen zu verbleiben.

Der gefährliche Heidemann, ein Kinderschreck, den die Droste mit der Aura des Gespenstischen belehnt, gerät bei Hebbel zur realistisch gezeichneten Figur, die sich sozial recht genau verorten läßt. Als *Knecht* steht er in einem konkreten Arbeitsverhältnis, offensichtlich verfügt er, der sich gerade einen Stecken schnitzt, auch über handwerkliches Geschick. Doch der auf den ersten Blick harmlos erscheinende Gehilfe des Hirten wird wenig später zum Mörder, dessen Tat von der Strafverfolgungsbehörde ermittelt, dann aufgeklärt und schließlich vom zuständigen Gericht mit der Todesstrafe geahndet wird. Begegnet das Kind bei der Droste noch der dämonischen Natur, so sieht es sich nun bei Hebbel konfrontiert mit einer gesellschaftlichen Dimension des Bösen, deren Grausamkeit die der Natur noch übersteigt. Die Ermordung des Knaben erfolgt im Äther des Sozialen, durch ein Mitglied der menschlichen Gemeinschaft, dessen Untat umso verwerflicher ist, als es sich hier um die Tötung eines Kindes handelt. Sogar das Kindchenschema, schon in der Tierwelt ein höchst wirksamer natürlicher Schutzmechanismus, ist außer Kraft gesetzt. Die Emanzipation des Menschen aus dem Naturzwang, unabdingbare Voraussetzung seiner Entwicklung zum vernünftigen Gesellschaftswesen, sieht sich konfrontiert mit ihrem Negativ, mit einer Kategorie des Bösen, die im Zuge sozialer Evolution weit über das hinauswuchs, was Naturzwang dem Menschen an Leid und Unglück auferlegt.

Mit bemerkenswerter poetischer Sensibilität gelingt es Hebbel, das bürgerlich-realistische Bildrepertoire auf einem sinistren Unterstrom opaker Motive und Allusionen mäandern zu lassen. Ins Hier und Jetzt des 19. Jahrhunderts ragt ein kryptischer Fundus unterschiedlicher Angstbilder, die im Laufe der Zeiten sich im kollektiven Unterbewußten zu mythischen Vorstellungen verdichteten und nun neue Aktualität gewinnen. Die Heide, Schauplatz der schrecklichen Tat, wird zwar als der übliche stadtferne Bezirk ausgewiesen, doch dieses Andere der urbanen Welt entbehrt jeglicher Idylle. Der Knabe betritt nicht den Schutzraum einer gütigen Natur, sondern eine Totenwelt, die ihn *gespenstiglich* empfängt. Wie Todesboten und transalpine Nachfahren der Stymphaliden schießen aus den Wolken *hungrige Vögel*, deren Schnäbel nicht weniger tödliche Waffen sind als das Messer des Mörders. *Ach, wär hier e i n Schritt, wie tausend!* Die ersten Worte des Knaben auf der Heide signalisieren auf subtile Weise das Miteinander von Hoffnung und Heilsferne. Der Verängstigte variiert das bekannte Bibelzitat (Psalm 90,4), demgemäß tausend Jahre vor Gott nur wie ein Tag sind. Zeiterfahrung verwandelt sich ins schreckhafte Raumerlebnis. Die christliche Allusion soll als geistiger Rettungsanker dienen, gespeist vom Wunsch, die Totenwelt Heide gleichsam überspringen zu können, freilich im resignierenden Wissen um das Illusionäre solcher Heilserwartung. Ein neues Hoffnungszeichen scheint das *einsame Heidehaus* auszusenden. Auch hier eine biblische Grundierung, die Nähe zu Psalm 23, der von Gott als dem Hirten spricht, der im finsteren Tal die schützende Hand über seine Schafe hält. Demgemäß imaginiert sich das Kind den alten Hirten zum frommen Helfer, doch vergebens. Der aus dem idyllischen Heidehaus schauende ‚Pastor' weist nicht den Weg zum Heil sondern zum Verderben. Er winkt den Knecht herbei und überantwortet das Kind dem Mörder. Er führt dem Täter das Opfer zu.

Auf dem Weg des Knaben in den Tod treten an vertrauten Dingen bedrohliche Seiten zutage. Der Knecht, wenig später der Mörder, wirkt zunächst wie die ländliche und friedliche Inkarnation des Homo Faber, der gerade mit dem Messer ein technisches Hilfsmittel verfertigt. Ohne die Erfindung und den Gebrauch scharfer Schneiden hätte menschliche Nahrungsaufnahme sich wohl kaum über ihre tierischen Vorformen hinausentwickeln können. Im vorliegenden Fall dient das Messer der Verfertigung eines Steckens, des frühmenschlichen Artefakts, das sich mal als Hirtenstab, mal als Wanderstab des Homo Viator nutzen läßt, nicht zuletzt, wie in Caspar David Friedrichs „Wanderer über dem Nebelmeer", als unentbehrliches Requisit romantischer Weltfahrt. Doch unversehens wird die scharfe Klinge zur Kippfigur, in der eine dämonische Zerstörungskraft zutage tritt. Das Schnitzmesser verwandelt sich ins Tötungsinstrument. Plötzlich offenbart sich das Janusköpfige der vom Homo Faber ersonnenen technischen Gebilde. In die Welt gebracht vom tool making animal, können sie Hilfe und Heilung bringen, aber auch Tod und Zerstörung.

In panischer Angst entflieht der Knabe dem Bannkreis des Hirtenhauses, und doch bleibt ihm Rettung versagt. Unterm Weidenbaum ereilt ihn sein Schicksal. Unzählige Gedichte berichten von Bäumen, deren Blätterdach den Menschen Rast, Ruhe und Schutz gewährt. Wilhelm Müllers „Lindenbaum", durch Schuberts Vertonung im Guten wie im Schlechten ein Schlüsselreiz des deutschen Gemüts, weckt im heimatlosen Winterreisenden nostalgische Erinnerungen an kostbare Momente entschwundenen Glücks. In Goethes „Faust II" findet ein müder Wanderer seine Herberge beim gastfreundlichen Ehepaar Philemon und Baucis, in einer kleinen Hütte, idyllisch gelegen im Schatten zweier Linden, die „in ihres Alters Kraft" das Anwesen beschützen. Den Heideknaben hingegen verschlägt es unter eine Weide, eine auch als Trauerweide bekannte Baumart, die der Volksglaube zumeist mit Gefahr und Unheil in Verbindung bringt. Sie gilt als Versteck böser Geister; für Homer und Albertus Magnus läuft man in ihrer Nähe Gefahr, unfruchtbar zu werden. Mit Blick auf den Heideknaben sei angemerkt, daß nach volksläufiger Meinung kleine Kinder, so sie mit einer Weidenrute geschlagen werden, nicht gedeihen können. Shakespeares Ophelia beginnt ihre selbstmörderische Todesfahrt in einem Bach, der unterm Blätterdach einer Weide dahinfließt. Auffällig sind die christologischen Zuschreibungen, mit denen der Volksmund den Weidenbaum belegt. Die Geißelung Christi erfolgte demgemäß mit den Zweigen der Trauerweide, die zudem als Baum der Selbstmörder gilt, weil an ihr Judas sich erhängt haben soll. Für den Heideknaben bedeutet der Weidenbaum die Endstation seines kurzen Lebens.

Der Vernichtungstraum geht mit unheimlicher Präzision in Erfüllung. Was der Knabe zuvor träumte, es findet bis ins Detail seine reale Wiederholung. Sogar Statur und Aussehen des Mörders träumt er mit großer Genauigkeit, so daß er mit Entsetzen den Knecht sofort als den erkennt, der ihm letzte Nacht im Traum das Leben nahm. Allein diese Konstellation böte reichlich Stoff für eine spannende, kriminalistisch angereicherte Verbrecherballade, doch Hebbel gelingt es, dem bekannten Motiv des auf schaurige Weise in Erfüllung gehenden Traums noch eine Variante von erstaunlicher Gedankentiefe hinzuzufügen. Fast beiläufig wird die Leserschaft darüber informiert, daß nicht nur der Knabe, sondern in gleicher Nacht auch der Knecht diesen mörderischen Traum träumte und zudem noch sehr genau um die makabre Entsprechung weiß. Diese Koinzidenz, mit erzählerischem Raffinement erst spät unter der Weide enthüllt, macht aus dem Mord weit mehr als ein bloßes Tötungsdelikt. Sie rückt Knaben und Knecht in eine unentrinnbare Schicksalsgemeinschaft, die nicht nur den Ermordeten sondern auch den Täter als Opfer ausweist. Auf beiden lastet ein Verhängnis, dem sie nicht entkommen können. Ein unentrinnbares Fatum, im Traum des Knaben wie des Knechtes wirksam, erzwingt die Mordtat. In ähnlicher Weise bestimmte der göttliche Heilsplan den Apostel Judas zum Abtrünnigen, dem es aufgegeben war, den Heiland an die Mörder zu verraten. Im Lichte dieser Konstellation erweisen sich die letzten Worte des Knechtes als mehrdeutig: *Was hilft es auch, daß ich dich quäle!* Entpuppt sich, was auf den ersten Blick sadistischer Zynismus scheint, als verhohlener Ausdruck des Mitleids? Will der Mörder, seinem Opfer schicksalhaft verbunden, die ihm auferlegte Tat so schonend wie möglich begehen?

Im Moment des Mordes verschmelzen beide Träume und finden *zusammen*. Sie ergänzen sich wie zwei Hälften eines zuvor getrennten Ganzen. Der Knabe weiß um seinen Mörder, der wiederum sein Opfer erkennt. Ein gemeinsamer Traum teilt sich auf in die Träume zweier Menschen, um dann im Moment des Mordes sich wieder zum Ganzen zu fügen. Doch dieses passgenaue Zueinanderfinden, dieses Symbolon stiftet keine zwischenmenschliche Harmonie mehr. Als Negativ gesellschaftlicher Versöhnung steht es für die Zerstörung alles Menschlichen. Die Tötung des Knaben meint weit mehr als nur die individuelle Tat eines Einzelnen, sie verweist auf einen primordialen, aller Individualität vorgelagerten kollektiven Schuldzusammenhang. In seinem Tagebuch vermerkt Hebbel, es sei stets der Individuelles übergreifende Geschichtsverlauf, der „die Begebenheiten liefert". Daher gelte es, dieser „tektonischen Form", dieser „allgemeinen Mühle" poetisch nahezukommen; man müsse

„das ‚innere Getriebe' sichtbar machen, das die Geschichte bewegt." Der erste Hinweis auf dieses Miteinander von Wesen und Erscheinung zeigt sich in einem markanten Naturbild, im Fanal der roten Sonne, die nicht allein dem Knaben scheint, sondern als blutige Himmelserscheinung das ganze Land und seine Bewohner überstrahlt.

Für den Geschichtstragiker Hebbel verweist der Einzelfall stets aufs Allgemeine. Einige biographische Details deuten darauf hin, daß bei dieser Denkfigur auch Sozialkritisches im Spiel war. Während seines Parisaufenthaltes (1843/44) hielt Hebbel freundschaftlichen Kontakt zum preußischen Konsul Felix Bamberg. Dieser machte den Dichter mit dem Linkshegelianer Arnold Ruge bekannt, der gerade mit Karl Marx die „Deutsch – Französischen Jahrbücher" herausbrachte, in denen zu jener Zeit Friedrich Engels seine provokativen „Umrisse zu einer Kritik der Nationalökonomie" publizierte. War es ein Zufall, daß in diesem intellektuellen Klima am 8. März 1844 die Ballade vom Heideknaben entstand? Man darf vermuten, daß die sozialkritischen und geldtheoretischen Überlegungen der Junghegelianer bei Hebbel nicht ohne Wirkung blieben, galten sie doch mit dem 19. Jahrhundert einer Epoche, in der das Geldwesen immer größere Bedeutung erlangte. Im gewichtigen Dingsymbol der Trauerweide wird diese Thematik entfaltet. Judas soll an einem solchen Baum sich erhängt haben, weil er für dreißig Silberlinge den Herrn verriet. Der Knabe beginnt seinen Kreuzweg mit *dreißig Talern*. Die Analogie der Zahl rückt die vom Meister ausgehändigte Geldsumme in eine Dimension, die weit über die geschäftlichen Belange des Handwerksbetriebs hinausgeht, in dem der Lehrjunge arbeitet. Im tiefen Echoraum biblischer Symbole gewinnt das Geld mythisches Profil, es offenbart sich als Nervus rerum. Es stiftet den Schuldzusammenhang, der Opfer wie Täter vereint und beide vernichtet. Im Lichte dieser motivischen Konstellation erweist sich das *Er ward drum erschlagen* als ambivalenter Hinweis auf die wahre Ursache des Mordes. Zentral ist das kleine Wörtchen *drum*. Es insinuiert zunächst, der Knabe sei nur wegen der dreißig Taler erschlagen worden. Dann stünde man vor dem gemäß Strafrecht definierten Tatbestand des Raubmordes, im vorliegenden Fall der Tötung aus Geldgier. Doch von dieser Motivlage ist im Fortgang der Ballade immer weniger die Rede. Der von Opfer und Täter gemeinsam geträumte Mord deutet auf grundlegendere Voraussetzungen. In dem simplen Kriminalfall wird ein archetypischer Impuls spürbar, der als mythischer Bann im Individuellen ein Allgemeines zur Erscheinung bringt. Nicht die Geldgier eines Einzelnen führt in die Katastrophe, sondern das zur zweiten Natur geronnene Geld-Wesen, das sich der Subjekte als Täter bedient.

Im hegelschen Sinne macht die List der monetären Ratio den Knecht zu ihrem Agenten. Dies lenkt den Blick auf das Denkbild von der unsichtbaren Hand, die laut Adam Smith die egoistischen Bedürfnisse der einzelnen Subjekte dergestalt vermittelt, daß sie unwillentlich den allgemeinen Wohlstand fördern und vermehren. Wenige Dekaden zuvor hatte schon Bernard de Mandeville in seiner berühmten Bienenfabel dieser Denkfigur das entsprechende Schlagwort vorgegeben: „Private vices, publick benefits". Auch beim Zusammentreffen von Knabe und Knecht scheint eine unsichtbare Hand am Werke, die über zwei einander unbekannte Individuen den gleichen Traum verhängt und ihnen ein gemeinsames

Schicksal auferlegt. Diese Fügung verdankt sich der Macht des Geldes, dem Fluchtpunkt aller Handelsinteressen, jener merkantilen Dimension des Sozialen, in der Adam Smith, für Engels ein „Luther der Ökonomie", seinen Traum vom allgemeinen Glück ansiedelt. In Hebbels Ballade jedoch verwandelt sich die unsichtbare Hand ins diabolische Kontrastmodell, sie wird zur negativen Theodizee. Die Ermordung des Knaben zeichnet das finstere Gegenbild des allgemeinen Wohls.

Für den vorindividuellen, nachgerade apriorischen Status des Geldwesens steht im *Heideknaben* der Traum, von dem es schon bei Homer in der „Ilias" heißt, er komme von Zeus her. Jules Michelet sieht in jedem Individuum die kollektive Traumarbeit am Werk: „Chaque époque rêve la suivante." Das gemeinsame, der Zukunft zugewandte Träumen entbindet aus sich ein utopisches Potential, dessen Bilder zum Vorschein des Besseren geraten sollen, zur Antizipation einer humaneren Gesellschaft. Hebbel verbleibt durchaus im Rahmen dieser Denkfigur, doch er stülpt sie um ins Negative. Der gemeinsame Traum von Knabe und Knecht gebiert nicht Fortschritt, sondern Vernichtung, nicht künftiges Leben, sondern Tod. Das Geldwesen, ins Archetypische und Allgemeine gehoben durch die symbolische Engführung mit Judas und seiner heilsgeschichtlichen Rolle als Bösewicht, usurpiert die kindliche Seele in Form eines Alptraums. Der Traum des Heideknaben blockiert den utopischen Impuls. Als bloßer Spiegeleffekt und unerbittliche Repetition seiner selbst kann er sich nicht erweitern und künftigen humanen Möglichkeiten öffnen. Kaum besser läßt sich diese fatale Konstellation veranschaulichen, als in der Gestalt eines Kindes, dem der Tod das Leben und die Zukunft nimmt.

Das zentrale Motiv der zerstörten Zukunft entfaltet sich zum Schluß im subtilen Spiel mit den Möglichkeiten des Erzählens. Eine einheitliche Darstellung scheint nach dem bislang Vorgefallenen kaum möglich. An deren Stelle treten *zwei Vögel*, zwei getrennte narrative Instanzen, deren höchst unterschiedliche Zuständigkeiten, als ginge ein Riß durch die Welt, sich keinem gemeinsamen Fluchtpunkt mehr zuordnen lassen. Hier der Rabe, Galgenvogel und heiterer Sympathisant des Schreckens, dort die Taube, mitfühlende Zeugin gequälter und gemordeter Unschuld. Der Erzähler, der seinen Bericht kurz vor dem Mord abbricht, scheint die Erosion des narrativen Ganzen bereits zu spüren. Er erklärt sich, was den weiteren Verlauf des Geschehens angeht, für unzuständig und verweist die Leserschaft an die beiden tierischen Augenzeugen, deren in Aussicht gestellte Mitteilungen freilich wie aus zweiter Hand wirken und nur spärlich gefüllten Leerstellen gleichen. Man erhält nur dürftige Hinweise, deren karger Informationsgehalt weit hinter dem zurückbleibt, was zuvor detailreich geschildert wurde. Als sei der Text selbst über all dem Schrecken müde geworden und nicht mehr in der Lage, den Faden der Erzählung ins Zukünftige weiterzuspinnen. Rabe und Taube wirken wie Orakelvögel, denen kaum mehr etwas zu entlocken ist. Eine Vogelschau, die freilich nicht, wie einstmals die Auspizien, den Blick ins Zukünftige lenkt, sondern nur noch kursorisch den Restbestand einer schrecklichen Vergangenheit verwaltet.

Gustav Schwab
Ein Fund in der Opferbüchse

Silbern seh' ich's heute glasten
In dem braunen Kupfermeer.
Seltner Schatz im Opferkasten,
Gröschlein, ei, wo stammst du her?

Welch ein ungewohnt Gepräge,
Wie man's nicht in Rollen trifft!
Eh ich dich zum andern lege,
Sprich, weß Bild und Überschrift?

Was? ein Lorbeer statt der Krone
Auf dem hochgetragnen Haupt?
Du gehörest einem Sohne
Roms, vom Siegerkranz umlaubt.

Wie gebietrisch, wie allmächtig
Sehn mich Stirn und Augen an!
Und die Umschrift war so prächtig
Imperator, - und Trajan!

Du, des größten Reichs von allen
Unverwischter, großer Held,
Mußt als Opferpfennig fallen
Einem andern Herrn der Welt!

Du, der vor des Untiers Zähne
Den Bekenner werfen hieß,
Und, beim Gähnen der Hyäne,
Des Jahrhunderts Milde pries:

Liegst du, liegst du, stolzer Kaiser,
Dem Gekreuzigten zu Fuß?
Pflücken deines Lorbeers Reiser
Deutsche Bauern Ihm zum Gruß?

Ja, in dunkler Zeit erloschen,
Schärft sich wieder mein Gesicht;
Und vor mir in diesem Groschen
Hält des Menschen Sohn Gericht!

Weltgeschichte in kleiner Münze

Wenn eingeübte und routinierte Handlungsabläufe durch einen unerwarteten Vorfall ins Stocken geraten, dann ist dies der Moment, in dem die Reflexion ihre Dienste anbietet, jenes überprüfende Nachdenken, welches das Unerwartete zu begreifen sucht, mit dem Ziel, es in vertraute Aktionsfelder einzuordnen. Reflexion durch Handlungshemmung, so der Anthropologe Arnold Gehlen. Es ist dies der günstige Moment für einen Erkenntniszugewinn, der mitunter über den zeitlich begrenzten Anlaß der Störung weit hinausreicht. Davon berichten die auf den ersten Blick so schlichten und eingängigen Verse dieses Gedichtes. Ein Kirchenmann, ob seiner historischen Bildung und Interessen vermutlich ein Geistlicher, öffnet wie gewohnt die Opferbüchse, um den von den Gläubigen gespendeten Geldbetrag zu entnehmen. Eine routinierte, fast schon bewußtlose Tätigkeit, die Woche für Woche mit schöner Regelmäßigkeit dem *braunen Kupfermeer* der Münzen gilt. Doch für diesmal gerät der eingeübte Vollzug ins Stocken, und so reagiert der Geistliche mit eben jener Semantik des verdutzten Innehaltens, die wir alle kennen: „Seltsam!" oder „Ei, was haben wir denn da?" Die Silbermünze springt förmlich in die Augen, ein seltenes Ereignis, das zum Nachdenken zwingt. Wobei Reflexion sich sogleich in Form einer historisch orientierten Frage artikuliert: *ei, wo stammst du her?* Der Wille zur Erkenntnis fragt nach dem Woher, eine genealogische Neugier, die wohl den Beifall Hegels gefunden hätte, jenes schwäbischen Meisterdenkers, dem sich die Wahrheit von Dingen und Begriffen nur dort erschließt, wo man deren Herkunft und Geschichtlichkeit energisch in den Blick nimmt. Solche Wahrheit kann sich mitunter als Apparition mitteilen, als plötzlich aufblitzende erkenntnisfördernde Erscheinung, wie hier im glänzenden Silberschein der Münze im Opferstock. Wo all dies sich noch im sakralen Bezirk einer Kirche abspielt, dort mag man durchaus eine kleine Epiphanie vermuten.

In zwei Erkenntnisschritten nähert der Kirchenmann sich dem seltenen und ungewohnten Fund, einem Geldstück, das nicht ins bekannte und vertraute Schema gerollter Kupfermünzen paßt. Zunächst geht es um eine numismatische Abklärung, die das Bildprogramm auf dem Kopf der Münze entziffert. Schnell wird das Porträt als Darstellung eines römischen Herrschers erkennbar. Die Differenzierung der Machtinsignien *Lorbeer* und *Krone* lenkt dann die Aufmerksamkeit in historische Dimensionen, sie artikuliert den Epochenunterschied zwischen römischem Imperium und der späteren Welt christlicher Kaiser und Könige. Schließlich der forschende Blick auf das Antlitz des antiken Herrschers, der sich nachgerade zum stummen Dialog der Augen steigert. Die imaginäre persönliche Kommunikation enthüllt wie selbstverständlich den Namen der dargestellten Person: das historische Individuum Trajan, einer der bedeutendsten römischen Kaiser. Von diesem Herrscher ist bekannt, daß in seiner Regierungszeit (98 - 117) besonders viele Münzen geprägt wurden. Zudem mag die Silbermünze eine historische Spur sein, die in die Region und in die Zeit des Decumatlandes führt, in die Welt der villae rusticae, der vielen römischen Landsitze und Höfe, die sich im Schutze des Limes auf später schwäbischem Boden ansiedelten. Die kleine Silbermünze, die sich ins *Kupfermeer* der heimischen Geldstücke verirrte, sie erscheint wie ein Sendbote aus den Tiefen einer für die Region bedeutsamen Vergangenheit.

Jedes Spezialistentum hat seine eigenen Unterscheidungskriterien, seine spezifische Leitdifferenz. So auch das Erkenntnisinteresse des Kirchenmannes, der die Ergebnisse der numismatischen Abklärung sofort ins Theologische lenkt, in die epochale Perspektive christlicher Heilsgeschichte. Hier mag Autobiographisches am Werke sein, hatte sich Schwab doch im Jahre 1837 nach zwanzigjähriger Lehrtätigkeit in die Idylle einer Landpfarrerstelle im schwäbischen Gomaringen zurückgezogen. Entworfen wird die historische Dichotomie von diesseitiger weltlicher Herrschaft und christlicher, aufs Jenseits bezogener Heilslenkung. Dabei zollt der Kirchenmann der römischen Welt und ihrem heidnischen Imperator durchaus Respekt, ihm gilt Trajan als *großer Held*, als Herrscher *des größten Reichs*. Ein historisch wohlfundiertes Lob, immerhin verlieh der römische Senat diesem Kaiser den seltenen Ehrentitel optimus princeps, eine Auszeichnung, die wohl auch der Tatsache Rechnung trug, daß unter Trajan das römische Imperium seine größte Ausdehnung erlangte. Doch mag die weltliche Macht Roms noch so groß und bedeutend gewesen sein, letztlich steht sie im Schatten des Gottesstaates, jener civitas dei, die Augustinus der von Cicero gepriesenen römischen res publica als historisch überlegenes Modell entgegenhielt. Der die Silbermünze Betrachtende deutet den Untergang des römischen Reiches als Folge eines Siegeszuges, in dessen Verlauf das Christentum seinen Gott dem Erdenkreis als wahren *Herrn der Welt* offenbarte.

Um seiner Deutung Nachdruck zu verleihen, greift Schwab zu einer recht bemühten metaphorischen Konstruktion. Die dem Christengott gespendete römische Silbermünze, historisch bedeutsam und im materiellen Wert dem Kupfergeld vorzuziehen, ist geschrumpft zum bloßen *Opferpfennig.* Macht und Größe des römischen Imperiums sind nichtig und bedeutungslos im Vergleich zum Reich des christlichen Gottes, des wahren Pantokrators. Das Denkbild vom Opfer ist zudem geeignet, eine Art Wiedergutmachung historischer Schuld anzudeuten. Die in der *Opferbüchse* vorgefundene römische Münze, auf der in aller Deutlichkeit das Bild des Imperators Trajan prangt, kehrt symbolisch die Machtverhältnisse um. Der Opferstock, so scheint es, befindet sich hier unterhalb des Kruzifixes, eine raumsymbolische Konstellation, in welcher der Fund der Silbermünze ein beträchtliches Deutungspotential entfaltet. Wurden zur Zeit der römischen Herrscher die Christen in den Staub der Arenen gezwungen, ihr Leiden und ihr Sterben circensischem Vergnügen dargeboten, so liegen nun Münze und stolzer Kaiser dem *Gekreuzigten zu Fuß.* Aus mythologischer Ferne grüßt das Rad der Glücksgöttin Fortuna, dessen ewiges Drehen die Ehrgeizigen auf den Herrscherstuhl erhebt, sie jedoch wieder vom Gipfel der Macht in die Tiefe stürzen läßt, derweil neue Potentaten nach oben aufsteigen und dort für einige Zeit ihren Platz finden. Schwabs Deutung der Silbermünze geht das Wagnis ein, das ewige Drehen des Rades mit dem Sieg des Christentums stillzustellen. Mit dem Triumph des Gekreuzigten scheint ein historischer Endpunkt erreicht. Wo des *Menschen Sohn* Gericht hält, dort ereignet sich ein letzter, ein eschatologischer Augenblick, der kein weltgeschichtliches Auf und Ab mehr kennt. Freilich verweist das Bild des Imperators zu Füßen des Gekreuzigten auf eine gedankliche Verknüpfung, die christlicher Caritas und ihrer Vergebung der Sünden weitgehend entbehrt. Stattdessen die Pose des Triumphators, vor dem der Feind im Staube zu liegen scheint. Man denkt hier weniger an christliche Gnade und Barmherzigkeit, eher drängt sich die

Vorstellung von militärischem Sieg auf, mitsamt der Unterwerfungsgeste zu Füßen des Siegers, wie man sie aus dem römischen Kriegswesen kennt. Schwab verfängt sich hier in seiner eigenen Metaphorik, die gleichsam gegen ihren Schöpfer geständig wird. Der Sieg der civitas dei entpuppt sich plötzlich als äußerst weltliches Machtspiel. Wenn dann noch auf die Fundsituation im heimischen Acker des Schwabenlandes angespielt wird, wo *Deutsche Bauern* auf die römische Silbermünze stießen, dort gesellen sich zum miles christianus noch die Vertreter des nationalen Nährstandes.

Der Fund in der Opferbüchse ist ein zufälliger. Doch gerade der Zufall birgt beträchtliche innovative und kreative Möglichkeiten. Blitzartig kann er Gewohntes in eine neue Perspektive rücken und an bislang vertrauten Dingen neue Seiten aufscheinen lassen. Die Surrealisten haben später aus diesem schöpferischen Potential des Zufalls ein für die gesamte moderne Kunst wirkungsmächtiges ästhetisches Konzept gemacht. In den zufällig begegnenden objets trouvés des Alltags sahen sie einen bedeutungsreichen hasard objectif am Werk, der die begegnenden Fragmente der Merkwelt zu bislang unbekannten Konstellationen und Kombinationen zusammenfügt und diese zu Einfallstoren neuer Erkenntnisse und Erlebnisse werden läßt. Von solcher Fulguration spricht schon Lautréamont, wenn er das zufällige Zusammentreffen einer Nähmaschine und eines Regenschirms auf einem Operationstisch als ästhetische Offenbarung feiert. Gustav Schwabs Gedicht ist freilich noch weit entfernt von diesem poetologischen und kunsttheoretischen Niveau. Noch hat es keine Ahnung von der kühnen Konstellierung unterschiedlichster und gegensätzlichster Realitätsfragmente, an der die Surrealisten sich leidenschaftlich versuchten. Noch verbleibt die rencontre von Silbergroschen und Kupfermeer im Sachzusammenhang des Münzwesens und im einheitlichen Spannungsfeld von heidnischer Antike und christlicher Welt, das der Theologe hier als notwendige historische Verlaufsform zu erfassen sucht. Und doch ist dieses Denken bereits in der Lage, dem zufälligen Fund das Gepräge einer plötzlich aufblitzenden Erkenntnis zu verleihen. Die Begegnung mit dem Unerwarteten steigert sich zum *Gesicht*, zur Vision, in der sich Epochales und Heilsgeschichtliches mitteilt. In der kleinen Silbermünze, *in diesem Groschen*, der so gar nicht zum vertrauten Kupfergeld paßt, offenbart sich Welthistorie.

Der Blick des Theologen fällt auf ein Geldstück, und doch zeigt der Finder sich uninteressiert am Wesen des Geldes. Die Neugierde gilt ausschließlich dem Bildprogramm auf der Oberfläche und seiner Exegese. Ähnlich verführe heutzutage ein Betrachter, dem ein Euroschein lediglich der dort aufgedruckten Bilder wegen von Interesse wäre. Die historische Reflexion verbleibt im Bereich der theologisch grundierten Bildanalyse, eine andere Art des Beobachtens wird nicht in Erwägung gezogen. Womöglich wirkt der sakrale Bereich der Kirche wie ein Schutzraum, der Immunität verleiht gegenüber den zu jener Zeit bereits heiklen weltlichen Implikationen des Geldprinzips. Außerhalb von Schwabs religiösem Reservat sah die Sache ganz anders aus. Bereits in der Zeit vor 1839, dem Entstehungsjahr des Gedichtes, lassen sich markante poetische Modelle namhaft machen, die kritisch nach dem Sinn und der Problematik des Geldwesens fragen. Nur wenige Jahre zuvor ließ Goethe seinen Mephisto im „Faust II" das Papiergeld erfinden, wobei er das Augenmerk sofort auf fatale Aspekte einer entfesselten Kapitalwirtschaft lenkte, die zur dominierenden gesellschaftlichen Wunschmaschine zu werden droht. Eine Machtergreifung, die auch Goethe mit der Signatur eines religiösen Epochenwechsels versieht: „In diesem Zeichen wird nun jeder selig." Nachgerade das Kontrastprogramm zu Schwabs Lobpreis auf die christliche Heilsgeschichte. Das „In hoc signo vinces", welches an der Milvischen Brücke Kaiser Konstantin dem Christentum gewogen machte, wird in Mephistos „Zauberblättern" zum bloßen Gütesiegel des Papiergeldes. Verglüht ist die Leuchtspur der ecclesia triumphans. Künftighin herrscht, mit den Worten Schillers, „der Erde Gott, das Geld." In ähnlicher Weise unterzieht Achim von Arnim in seinem Gedicht „Der Welt Herr" das Geld einer religiösen Lesart. Das Kapital, im Börsenwesen zu voller Kraft und höchster Wirkung gelangt, tritt auf als Usurpator, der sich die Allmacht und Allgegenwart des entthronten christlichen Gottes aneignet. Dies hindert später den jungen Rilke freilich nicht, in der noch religiös grundierten Lyrik seines „Stundenbuches" höchst eigenwillig nach Wegen zu suchen, die geeignet wären, das Geld vor den Entfremdungstendenzen der modernen Welt in Sicherheit zu bringen. Als Zaubermittel entdeckt Rilke die totale Regression ins Ursprüngliche. Plötzlich verspürt das in Geldstücken und Maschinen verarbeitete Erz „Heimweh." Es will „die Münzen und die Räder" verlassen, aus den „Fabriken" und „Kassen" zurückkehren ins „Geäder der aufgetanen Berge". Statt christlicher Heilgeschichte nun der allzu gegenwartsfremde Traum von einer regressiven Erlösung, in der die Verirrungen des Geldwesens ihr Ende und ihre Sühne finden sollen. Zwei Jahrzehnte später, in seinen Orpheus-Sonetten, kann auch Rilke nicht umhin, das Geld als wichtigen Mitakteur anzuerkennen: „Irgendwo wohnt das Gold in der verwöhnenden Bank, / und mit Tausenden

tut es vertraulich." Das Kapital erweist sich als äußerst anpassungs-
fähige Spezies, die mit Macht in die Welt der Menschen eindringt
und in den Häusern des Geldes ihr Habitat findet.

Peter Rosegger
Als wir das Geld haben fortgetragen

Ich war wieder auf Ferien, schaute durch das Fensterglas hinaus und plante, wie denn dieser junge, freie und lustige Bursche einstweilen am besten zu verwenden wäre? Das Fensterglas wurde alsbald trübe, weil ich ihm mit dem Munde zu nahe kam. Und mit vielem anderen ist es auch so: Die größten Freuden werden oft trüb oder vergehen gar, wenn sie der Hauch eines Mundes berührt. Studenten kümmert das nicht.

Jetzt, wie ich wieder einmal so ins Freie guckte, war hinter mir ein Räuspern, und da stand der Ortsvorstand von Kathrein am Hauenstein. Er hatte höflich den Hut abgezogen und glättete nun mit der Hand sein graues Haupthaar und schaute mich sehr gutmütig an.

„Muß doch ein wenig nachsehen, was du machst – wenn man noch du sagen darf!" lautete seine Anrede.

Du sagen, ja das versteht sich. Der Haselbauer, der Karl – und das war der Ortsvorstand-, ist mir während der Handwerkerzeit einer meiner liebsten Menschen gewesen, weil er gar gutherzig war und weil er eine besondere Art von Töchtern hatte – doch, das gehört auf einen anderen Fleck. Kurz, beim Dusagen blieb's, und so sagte denn der Vorstand: „Hättest nicht Lust, morgen mit mir eine Lustreise nach Vorau zu machen? Das Chorherrenstift ist schön anzuschauen, und die geistlichen Herrn haben einen guten Wein."

Es waren Gründe da, mich zu besinnen.

„Ich habe dort ein verwunderliches Geschäft", fuhr der Karl fort, „und weil mir durch den großen Wald allein woltern die Zeit lang wird, so wär's mir frei ein Gefallen, wenn du mittun wolltest. Daß ich dich zehrungsfrei halten tät, müstest mir halt nicht für übel nehmen."

Die Gründe, mich zu besinnen , waren nun nicht mehr da. Mit Freuden war ich zur Lustreise nach Vorau bereit.

„Ein bissel was zu tragen haben wir halt auch", sagte der Vorstand, „wir wollen damit brüderlich abwechseln, und so wird's für einen nicht schwer sein. Vielleicht passiert dir ein solches Tragen dein Lebtag nicht mehr."

„Was wird's denn sein?" fragte ich.

Nun hob er seinen Zeigefinger auf und sagte: „Da will ich dich einmal raten lassen, Studiosus. Morgen ums Sonnaufgehen kommst du zu mir aufs Frühstück, vielleicht hast du's bis dahin fertig."

Ich hatte an demselben Abend vor dem Einschlafen richtig ein paar Stunden nachgedacht, was wir denn nach Vorau zu schleppen haben würden. In Vorau wart das Bezirksgericht, das nimmt allerhand Sachen, aber diesmal mußte es nach den Andeutungen des Karls was Besonderes sein.

Ums Sonnaufgehen war ich da; auf dem Tische dampfte schon der Kaffee, der in der Morgenfrische, die zu den offenen Fenstern hereinströmte, köstlich duftete. Und auf dem Tische lag die braune Seitentasche des Karl, die er auf seinen Kaufmannsfahrten nach Graz - er war ja der Ortskrämer - stets mithatte und an deren behaarter Decke noch die Klauen des Rehbockes waren, von dessen Haut die Tasche stammte. Diese Tasche war heute ganz gewaltig vollgepfropft, war schwer wie Blei und klirrte ein wenig, wenn man sie hob und schob.

Anfangs trug sie der Karl, später nahm ich sie über die Achsel.

„Wie schwer schätzest du sie?" fragte mich mein Genosse.

Ich berechnete nach dem mir damals noch immer am nächsten liegenden Anhaltspunkt.

„Das sind zum wenigsten drei Bügeleisen", sagte ich, „wiegen zwölf Pfund."

„Hast nicht schlecht geschossen, und wenn ein Pfund Silbertaler auch
so schwer ist als ein Pfund Bügeleisen, so schleppen wir heute zwölf
und ein Viertel Pfund nach Vorau.“
„Wir werden doch keine Silbertaler schleppen?“ war meine Frage.
„’s wird aber doch nicht weit gefehlt sein“, sagte der Karl.
„Ja, wachsen denn heuer in Kathrein am Hauenstein die Silbertaler
auf den Bäumen wie Holzäpfel?“
„Auf den Bäumen wie Holzäpfel nicht, aber unter der Erde wie Erd-
äpfel. Ja, Studiosus, wie du itzt dahertrabest, hast du einen vergraben-
en Schatz über der Achsel hängen. – Bist durstig, so wollen wir beim
Mostmichel abrasten.“
Beim Mostmichel im Narrenhof nahmen wir eine Labnis; und dort,
wo der Vorauer Wald beginnt, der den stundenlangen Bergrücken bedeckt und zu beiden Seiten weit hinabgeht in die Lehnen und Engtä-
ler, wo dann am Saume die Bauernhöfe und kleinen Dörfer hängen –
an der Straße also, wo wo dieser Wald beginnt, setzten wir uns in den
Schatten und rasteten eine Stunde lang.
Der Karl sah mich von der Seite an und rief hernach, auf die Lederta-
sche schlagend, „Na, was sagst du dazu?“
So richtete ich mich denn empor, tat den Mund auf und sagte: „Da
kann ich gar nichts sagen.“
„Und ich sag“, versetzte der Karl, „ich sag, das Geld ist eine harte
Sach!“
„Ja, besonders wenn’s von Silber ist.“
„Und nicht dem gehört, der’s tragen muß.“
„Gehört es also nicht dir?“ fragte ich.
„Schau mich an, Student. Kann ein Mensch, der so ausschaut wie ich,
Silbergld haben? Wird ein Kaufmann seine Barschaft anderswo ver-
graben als in abgestandenen Waren? Kann ein Mensch, der jetzt im

neunten Jahr Ortsvorstand zu Kathrein am Hauenstein ist, einen vergrabenen Schatz besitzen?"

„Ich weiß es wohl, Karl, daß du als Vorstand für die Leute, die gepfändet werden sollen, die Steuern oft aus deinem eigenen Sack zahlst. Wie oft hast du den Stegbauer ausgelöst, den Schachenhans, den alten Grabentickel!"

„Den alten Grabentickel", murmelte der Karl, „ja, ja, den Grabentickel habe ich richtig auch ein paarmal ausgelöst. Die Witwe von ihm ist vor etlichen Wochen gestorben."

„Der hast gewiß auch du das Begräbnis gezahlt!"

„Beileib nicht, die hat Geld genug gehabt, schier so viel, daß zwei Männer, ein junger und ein alter, dran zu schleppen haben. Ja, Studiosus, dieser Ranzen voll Taler ist der von der Grabentickelin! Sie hat ihn mir auf dem Totenbett anvertraut."

„Dahinter steckt gewiß eine merkwürdige Geschichte."

„Ah, versteht sich, und die soll ich dir nun erzählen", sagte der Karl. „Ja, ich habe mir oft gedacht, wenn ich einen Silbertaler in der Hand gehabt: Wüßte einer die Geschichte von deinem Lebenslauf!"

„Bisweilen wird's besser sein, man weiß sie nicht."

„Das sag ich auch. Aber bei den Talern der Grabentickelin kann man sich seinen Teil herausnehmen – heißt das, nicht aus dem Ranzen, sondern aus der Geschichte. – ,s ist noch nicht vier Wochen aus", erzählte der Karl, „just am Magdalenentag ist's gewesen, daß ich aus der Kirche eilends zur kranken Tickelin gerufen werde. Bin ja kein Arzt und kein Priester, sage ich. – Macht nichts, meint der Bote, sie wolle just den Vorstand haben. Darauf bin ich in ihr Häusel gegangen und hab sie wolter krank gefunden. Ich muß mich gleich zu ihr setzen, sie nimmt mich bei der Hand und sagt, daß sie zu mir das Vertrauen hätte, und hebt an zu erzählen; von ihrem Mann, dem Grabentickel, zu-

erst, wie er sie geheiratet hat. Er ist Holzknecht in Kreßbach gewesen. Und da wäre der Tickel halt alleweil so viel unruhig und aufgeregt gewesen, und sie hätte nicht gewußt, warum. Nachher, am ersten Tage nach der Hochzeit, habe er ihr's frei mit Zittern und Fiebern vertraut, er wäre nicht so arm, wie die Leute von ihm meinten, er habe von seinem Vater her noch ein Erspartes, und er selbst hätte sich auch was erwirtschaftet; er habe das Geld zwar gut verwahrt oben unter dem Hausdach, zwischen den Brettern, die doppelt übereinander liegen und wo kein Dieb hindenke, aber sei halt immer in Angst, daß es ihm gestohlen werden könne. – Die Tickelin soll den Tickel sehr gern gehabt haben, doch sie hätte sich nicht viel aus dem Geld gemacht: Ist's da, so ist's gut, und ist's nicht da, so lebt man wie andere Leut, die auch nichts haben als den lieben Gesund und den Fried. Sie haben aber nicht gelebt wie andere Leut, sie haben schlechter gelebt, und der Tickel soll sich halb zu Tode gearbeitet haben, daß sich nur um Gottes willen das Geld alleweil vermehren möcht. Und dabei die immerwährende Angst, ob nicht doch auf einmal wer einbricht, oder das Haus niederbrennt, oder das Silbergeld auf andere Weise zugrunde geht. Endlich hat ihm darüber kein Essen mehr geschmeckt, er hat die lieben langen Nächte nicht schlafen können, und was ihm das Weib auch zugeredet hat, er sollt sich sein Leben doch nicht mit dem Geld verderben; wenn er's schon verderben wollt, so sollt er's lieber mit Essen und Trinken tun. Soll nichts genutzt haben, noch alleweil ärger soll es worden sein mit der Angst und mit dem Geiz beim Tickel, bis das Weib mit dem Geld spießfeind worden ist. – Was meinst, Student, was wird jetzt geschehen sein?"
„Den Verstand wird er verloren haben", mutmaßte ich.
„Nein", sagte der Karl, „das Geld hat er verloren. Denn wie das Weib jetzt fest davon überzeugt gewesen: Tickel, dieses Silbergeld ist dein

Unglück!, hat sie es ihm heimlich weggenommen und vergraben für eine Zeit, wo sie den Sparpfennig einmal gut brauchen möchten.

„Vergraben!" rief ich in meiner Entrüstung (ich verlegte mich damals stark auf das Gescheitmachen des Landvolkes), „vergraben und nicht in die Sparkasse gelegt?"

„Die Tickelin da oben im Kreßbachwald hat von einer Sparkasse all ihrer Tage nichts gehört", belehrte mich der Karl, „oder hat sich darunter einen Tontiegel mit einem Loch vorgestellt, durch das man die Taler hineinstecken, aber nicht mehr herauskriegen kann. Anstatt das Geld in fremde Hände zu geben, hat sie gemeint, es wäre gescheiter, es in einen Eisentopf zu tun und sicher zu vergraben."

„Und was hat ihr Mann dazu gesagt?"

„Der Tickel soll freilich schauderhaft wild und schier verrückt worden sein, wie er wahrgenommen, das Geld wär weg, und sein Weib hat ihn beim Glauben belassen, daß es Diebe fortgetragen hätten. Nachher soll der Tickel ein anderer geworden sein. Wenn's mit dem Sparen so ausgeht, ist's gescheiter, den Verdienst flottweg wieder verbrauchen, soll er gesagt haben, und von dem Tag an – hat mir die Tickelin erzählt – sollen sie brav gegessen und getrunken und keine Not gelitten haben. Jetzt sind auch die Sorgen weggewesen, von wegen des Geldes, und der Tickel – nu, du hast ihn ja auch noch gekannt, Student – ist dick und fett worden. Freilich soll er ein paarmal wie er so ein Häufl Geld vor sich liegen gehabt, vom Aufsparen gesprochen haben, aber sein Weib hat allemal gesagt, für Diebe wollten sie nicht fleißig sein, und hat ihn nicht mehr anfangen lassen. Und richtig ist's so gegangen, daß sie von dem heimlich vergrabenen Geld keinen Kreuzer benötigt haben. Der Tickel hat ohne viel Sorg gelebt und ist auch so gestorben. Und wie die Tickelin auf dem Totenbett gelegen ist, hat sie mir das alles anvertraut, und ich habe nachher in Gegenwart von Zeugen das Geld ausgegraben und die Sach bei Gericht gemeldet."

„Was geschieht jetzt mit dem Geld", war meine Frage.

„Das geht zum Bezirksgericht und will warten, bis sich ein Herr dafür findet."

„Darauf wird's nicht lang zu warten brauchen", war meine Ansicht.

„Vielleicht recht lang", sagte der Karl. „Es sind keine Verwandten da. Ein Brudersohn vom Tickel soll noch leben, aber man weiß nicht, wo er ist. Wird er in Jahr und Tag nicht gefunden, so ist das Geld verfallen."

Nun wußte ich die ganze sonderbare Geschichte, und wir rückten wieder an.

Zu Vorau am Stifte, vor dem Herrn Bezirksrichter, hat der Karl das Silbergeld in eine große Lade geschüttet, daß es gar merkwürdig geklimpert hat. Die Beamten in den anstoßenden Kanzleien haben gestanden, sie hätten zeit ihrer Praxis niemals ein solch schönes Klimpern gehört.

Der Herr Bezirksrichter selbst unterließ es nicht, mit seinen Fingern die Silberstücke ein wenig aufzukrausen, und wir weideten – zum Lohn für das Tragen - unsere Augen. Uralte Münzen waren dabei, aus aller Herren Länder und Zeiten. Die meisten trugen wohl das Bild Leopolds und der Maria Theresia. Sie waren gar abgegriffen, so daß man die Prägung oft nicht mehr erkennen konnte. Manche waren durchlöchert, beschnitten und gar nicht mehr rund. Etliche waren so groß, daß der Karl sagte: „Helle Kaffeetopfdeckeln!" – Hätte ich damals nur einige Münzkenntnisse besessen, ich wüßte sicherlich Wunderdinge zu berichten von diesem Schatz des Grabentickel.

Endlich, nachdem das Geld von Berufenen geschätzt worden und alles in Ordnung befunden war, schob der Bezirksrichter die schwere Lade zu, und wir konnten nun gehen.

Wir taten uns was zugute im Wirtshaus, und dann gingen wir leicht und lustig heimwärts. Ein paar Tage lang hatte die Haut meiner rechten Achsel, auf welcher der Riemen gelegen, einen blauen Streifen. Dann vergaß ich der Sache und erst nach vielen Jahren ist mir jenes Geldtragen nach Vorau wieder in Erinnerung gekommen. Ob sich für das Silbergeld des Grabentickels der rechtmäßige Erbe gefunden hat, das weiß ich nicht. Vermutlich haben die schönen Taler ihrem neuen Herrn bessere Dienste erwiesen als ihrem alten; möglicherweise auch noch schlechtere.

Die schwere Last des Geldes

Ein Jüngling, seines Zeichens Student, steht am Fenster und schaut *ins Freie* hinaus. Noch in einem Text aus dem letzten Viertel des 19. Jahrhunderts stößt man auf Restspuren eines romantischen Zentralmotivs, auf den Fensterblick, der aus häuslicher Enge hinausschweift ins Offene, in eine magisch lockende Ferne, die Abenteuerliches und Wundersames verheißt. Doch beläßt es Rosegger bei nur schwachen Reminiszenzen. Das geschlossene Fenster wird nicht geöffnet, ein Umstand, mit dem wohl keiner der Helden Eichendorffs und Tiecks sich abgefunden hätte. Die Prosa des Wirklichen fordert ihr Recht. Der Atem des Schauenden tut seine physiologische Wirkung, er trübt die Sicht nach draußen und kupiert die romantische Sehnsuchtsgebärde. Gleichwohl kann ein auf Distanz zur Romantik bedachter Realismus immer noch der Agent des Interessanten und Frappanten sein. An die Stelle romantischer Lebensfahrt tritt nun eine eher alltägliche Begebenheit, die schlichte Verabredung zu einem Fußmarsch in die nahegelegene Bezirksstadt. Der Haselbauer, Ortsvorstand der bäuerlichen Gemeinde Kathrein am Hauenstein, überredet den Studenten, der die Semesterferien in seinem Heimatdorf verbringt, zu einer gemeinsamen Tagesreise, wobei er den Zweck des Unternehmens vorerst im Dunkeln beläßt. Auch hier wieder romantische Restspuren angesichts einer Wanderung, deren Zweck vorerst im Unklaren verbleibt. Nur auf ein mysteriöses Gepäckstück wird angespielt, das wegen seines schweren Gewichtes abwechselnd transportiert werden müsse. Ein *solches Tragen*, so die kryptische Anspielung des Ortsvorstandes, werde dem Studenten vielleicht sein Lebtag nicht mehr passieren. Der morgige Fußmarsch scheint ins Geheimnisvolle und Abenteuerliche zu führen.

Ums Sonnaufgehen steht am nächsten Tage der junge Student bereit für die Wanderung. Bei Eichendorff oder Tieck würde nun eine Passage folgen, welche die gerade prächtig aufgegangene Morgensonne ins symbolische Motivgeflecht von erwartungsfrohem Aufbruch und magisch lockender Verheißung einfügte, als Auftakt zu einer abenteuerlichen Reise, zu deren Beginn man, wie es bei Eichendorff heißt, nicht fragen mag, „wo die Fahrt zu Ende geht." Hier hingegen ist das Fahrtziel bereits bekannt, das regionale Verwaltungszentrum Vorau. Auch schaut der Jüngling nicht, wie viele seiner romantischen Kollegen, aus freier Natur ins Morgenlicht. Man sieht ihn vielmehr in der Abgeschlossenheit des Zimmers, wo ihn der dampfende Kaffee erwartet, die symbolische Abbreviatur einer Szenerie, zu der den abenteuerlustigen Studiosi der Romantik wohl nur das abschätzige Wort ‚Philister' eingefallen wäre. Wo Restspuren morgendlicher Verheißung sich doch noch bemerkbar machen, verfallen sie sogleich kleinbürgerlicher Einhegung. Zwar schaut man hin *zu den geöffneten Fenstern*, doch diese weisen nicht hinaus ins Offene und Weite. Stattdessen strömt die Morgenfrische von draußen herein ins enge Zimmer, dem Startpunkt der geplanten Tagesreise. Und doch bewahrt das Geschehen nach wie vor markante Elemente des Geheimnisvollen. Auf dem Tisch liegt die *braune Seitentasche* des Ortsvorstandes, dessen Inhalt noch immer im Dunkeln bleibt. Natürlich weiß die Leserschaft, so sie den Titel der Erzählung aufmerksam zur Kenntnis nahm, daß es sich hier nur um Geld handeln kann. Das Unbekannte enthüllt sich als das Monetäre. Die Restspuren des Romantischen schließen sich kurz mit dem Geld.

Das hier in Rede stehende Geld ist freilich alles andere als eine leichte Angelegenheit, sondern *schwer wie Blei*. Es enthüllt sich im Wortsinne als beschwerliche Last. Der Jüngling verspürt schon das beträchtliche Gewicht, bevor er genaueren Aufschluß über den Tascheninhalt bekommt. Der Weg zur Erkenntnis führt hier über sinnliche Erfahrungen, beginnend mit einer Art musikalischer Ouvertüre, dem Klirren, das sich aus der Tasche vernehmbar macht. Auch die erste Frage des Alten geht in Richtung körperlicher Wahrnehmung: *Wie schwer schätzest du sie?* Entsprechend dann die Antwort des Jünglings, die Bezug nimmt auf lebenspraktische Anforderungen eines Studentendaseins, in dem man seine Hemden selbst bügeln muß. Das Gewicht von drei Bügeleisen dient als verläßliche Vergleichsbasis einer Rechenoperation, die eine nahezu präzise Schätzung ermöglicht: *zwölf Pfund*. Orientiert an eigener Lebenspraxis, sogar am Leitfaden des eigenen Leibes, gelingt dem Jüngling die Lösung des Rätsels, deren bestätigende Präzisierung dann aus dem Munde des Alten erfolgt: *zwölf und ein Viertel Pfund* Silbertaler.

Doch wie so oft im Leben bringt die Lösung eines Rätsels es mit sich, daß man vor neuen Rätseln steht. Zwar herscht nun Klarheit über den Inhalt der Tasche, doch woher kommt das Geld? Wem gehören die Silbertaler? Warum müssen sie den Behörden ausgehändigt werden? Betreffs all dieser Fragen bleibt der junge Student immer noch unwissend. Ein zweiter Anlauf ist vonnöten, der über das Schicksal der Silbertaler Auskunft geben könnte. Dieser erfolgt im Zuge einer eigenständigen Erzählung des Alten, einer Weise des Informierens, zu der die Menschen seit jeher griffen, wenn es darum ging, Licht ins Dunkel rätselhafter Begebenheiten zu bringen. Roseggers Text entpuppt sich unversehens als eine Rahmennovelle mit genau kalkulierter narrativer und szenischer Choreographie. Nahe beim *Mostmichel im Narrenhof*, einer bäuerlichen Gaststätte am Waldesrand, lassen sich die beiden Geldträger zu einstündiger Rast nieder, die dem Alten Gelegenheit gibt, über die Vorgeschichte der Silbertaler zu informieren. Der Ort des Erzählens scheint hier mit Bedacht gewählt, präsentieren sich Wirtshäuser doch seit jeher als vertraute Stätten kollektiven Redens und Raunens, als Echoräume von oral poetry, wo man interessante, oft seltsame Begebenheiten der unterschiedlichsten Art zum Besten gibt. Das geeignete Ambiente für die merkwürdige Geschichte, welche nun vom Schicksal der Silbertaler berichtet.

Die Erzählung des Ortsvorstehers macht den jungen Studenten mit Grabentickel bekannt, mit einem Schatzbildner, den man unschwer in die Reihe berühmter literarischer Geizhälse stellen könnte. Schon die „Aulularia" des römischen Komödiendichters Plautus, entstanden im zweiten vorchristlichen Jahrhundert, stellen mit ihrem Helden Euclio einen Geizhals auf die Bühne, der seinen Goldtopf ängstlich versteckt und in steter Sorge lebt, sein Schatz möge entdeckt und gestohlen werden. Euclio wurde dann zum Ahnherren einer Bühnenfigur, die heute weltweit als Inbegriff des Geizes gilt: Monsieur Harpagon, der monomanische Geizhals in Molières Lustspiel „L'Avare", ein Knauser, der mit nachgerade paranoider Leidenschaft seine geliebte Geldkassette bewacht, auch er, wie sein altrömischer Kollege, in steter Furcht, man könne ihm sein Liebstes entwenden: „ma chère cassette". Für Euclio wie für Harpagon gerät der in Goldtopf und Kassette inkarnierte Geldfetisch zum Dämon, der beider Leben auf umfassende Weise beschädigt. Sie entfremden sich ihrer Familie, ihr Geiz und ihr obsessives Mißtrauen machen sie zu

Störenfrieden der Gesellschaft, beider Alltag steht durchgehend und unentrinnbar im Schatten der übermächtigen Sorge ums Geld. Gleiches gilt für Grabentickel. Auch hier der Schatzbildner, der sich mißtrauisch dem sozialen Umfeld als Armer präsentiert, in Wahrheit jedoch über einen beträchtlichen Geldschatz verfügt, den er *gut verwahrt unter dem Hausdach* versteckt hält. Auch diesen bäuerlichen Harpagon quält die Furcht um sein Geld, er lebt in ständiger *Angst, daß es ihm gestohlen werden könne.* Wäre Karl Marx auf Roseggers Geldgeschichte gestoßen, er hätte wohl mit einiger Genugtuung in Grabentickel seinen im „Kapital" phänotypisch skizzierten Schatzbildner wiedererkannt, den Geizhals, der sich innerweltlicher Askese verschreibt und damit dem Geldbesitz sein leibliches Wohlergehen opfert. Am Ende leidet Grabentickel unter Appetitlosigkeit und unter Schlafstörungen, unter Stresssymptomen, die der besorgten Ehefrau die dringende Mahnung entlocken, ihr Gatte solle *sich sein Leben doch nicht mit dem Geld verderben.* Ihre fast schon hedonistische Empfehlung, seine Gesundheit dann doch *lieber mit Essen und Trinken* zu ruinieren, mutet an wie das Kontrastprogramm zur Diagnose, die Marx dem Schatzbildner stellt: „Er macht Ernst mit dem Evangelium der Entsagung."

Plautus vergönnt seinem Helden Euclio einen versöhnlichen Komödienschluß. Der Geizhals wird am Ende eines turbulenten Verwirrspiels von seiner Obsession geheilt. Seinen Goldschatz spendet er bereitwillig für die Hochzeit der Tochter. Das zuvor sinnlos gehortete Geld kann nun sozialen und humanen Zwecken zugeführt werden. Für Molière, den hellwachen Beobachter der sich gerade formierenden bürgerlichen Ökonomie, kann ein solches Happy End keinen Realitätswert mehr beanspruchen. Harpagons sozialem Umfeld gelingt es zwar mittels Intrige, den Störenfried zu neutralisieren und ihm sein Gefährliches zu nehmen, doch nur um den Preis, daß der Geizhals weiterhin der Geizhals bleibt, ein einsamer Monomane am Rande der Gesellschaft, der sich nach wie vor seiner geliebten Kassette hingibt. Roseggers Erzählung steht im mächtigen Motivschatten, den Plautus und Molière über die Geldkomödien der abendländischen Literatur werfen, und doch gelingt ihr eine eigenständige Variante, die Respekt abnötigt. Auch hier zunächst eine Art Intrige, die den Schatzbildner von seiner Obsession heilt, ins Werk gesetzt von der eigenen Ehefrau, die den Diebstahl des gesamten Silberschatzes vortäuscht. Auf ganzer Linie ist diese Aktion von Erfolg gekrönt. Zwar läßt zunächst der Verlust des Geldes, durchaus in der Tradition der berühmten Verzweiflungsmonologe von Euclio und Harpagon, den Geizhals *schauderhaft wild und schier verrückt* werden, doch Erwartung und Kalkül der augenscheinlich mit psychologischem Feingefühl begabten Gattin finden ihre Bestätigung. Grabentickel wird mit der Zeit *ein anderer*, seine Sorgen fallen von ihm ab, er stirbt als zufriedener Mensch. Roseggers versöhnliches Ende fügt damit dem bekannten Thema eine durchaus originelle Variante hinzu. Für Euclio und Harpagon bleibt das Geld immer noch ein Teil ihrer alltäglichen Merkwelt, bei Plautus als segensreiches Hochzeitsgeschenk für die Tochter, bei Molière in Form der vom Geizhals liebevoll gehüteten Kassette. Grabentickel hingegen muß erleben, wie der Schatz völlig seiner Welt entschwindet. Erst diese existenzielle Verlusterfahrung führt ihn zur Einsicht, es sei besser, das Geld nicht zu horten, sondern den Verdienst *flottweg* wieder zu verbrauchen. Leibliche Annehmlichkeiten wie gutes Essen und Trinken treten an die Stelle ängstlichen Schatzbildens.

Wo Sinnengenuß und Lebensfreude die asketische Kapitalhortung verdrängen, dort wird auch das Verhältnis zum Geld ein sinnliches. Undenkbar, daß die Ehefrau, die *Tickelin da oben im Kreßbachwald*, das dem Gatten entwendete Silbergeld heimlich zur Sparkasse bringen könnte. Wo sie doch, so die Mutmaßung des Ortsvorstandes, sich unter einer Sparkasse kaum das unpersönliche Geldinstitut hätte vorstellen können, sondern etwas weit Handfesteres: *einen Tontiegel mit einem Loch*, in den man die Talermünzen hineinsteckt. Einem solchen Denken gerät Geld zum handfesten wie greifbaren Element alltäglicher Lebenspraxis, ein Thema, das sich dann bei der Aushändigung des Schatzes ans Bezirksgericht motivisch ausfaltet. Die Taler, nun in einer großen Lade den Blicken der Anwesenden dargeboten, werden zum sinnlichen Ereignis. Der Bezirksrichter läßt es sich nicht nehmen, fast zärtlich *mit seinen Fingern die Silberstücke ein wenig aufzukrausen*. Auch die beiden Überbringer finden endlich Gelegenheit, ihre Augen an den Münzen genüßlich zu weiden, ihr wohlverdienter *Lohn für das Tragen*. Sogar eine kollektive Rezeption deutet sich an. *Die Beamten in den anstoßenden Kanzleien* eilen neugierig herbei, Zuschauer eines Schauspiels, das nicht nur die Augen, sondern mit schönem *Klimpern* auch die Ohren erfreut. Das Verstauen des Schatzes wirkt demgemäß wie das Ende einer Vorstellung. Der Bezirksrichter schob *die schwere Lade zu, und wir konnten nun gehen.* Der Vorhang fällt, die Zuschauer verlassen das Theater.

Die ästhetische Präsentation entlockt, über den abstrakten Geldwert hinaus, den Talern ein geschichtliches Narrativ. Die Prägungen auf den einzelnen Silberstücken, im wörtlichen Sinne einprägsame künstlerische Gebilde, enthüllen sich als Wegweiser in die Tiefen vergangener Zeiten. Das exemplarische Modell einer solchen Reise bietet Roseggers Erzählung „Als ich…“, in der Gestalt des „Talerbüchsen-Toni“, der über eine kleine Sammlung alter Münzen verfügt und die Geldstücke „wie der Priester die Hostie“ den neugierigen Kindern vorzeigt. Darunter Münzen mit den Bildern von Maria Theresia und Friedrich dem Großen, rostbefleckte Taler aus dem Dreißigjährigen Krieg und nicht zuletzt „das wahrhaftige Bildnis Unserer Lieben Frau und ein Ablaß daran für den, der es küßte.“ Auch der ins Bezirksgericht getragene Schatz enthält *uralte Münzen*, welche die Aura ferner Länder und Zeiten beschwören. Die meisten sind historische Zeugnisse des Habsburgerreiches, einer verklärten Epoche, die hier persönliches Profil gewinnt in Kaiser Leopold und der Herrscherin Maria Theresia. Der geschichtliche Sinn, geweckt durch derlei Betrachtungen, richtet sich sogar auf den Erhaltungszustand der Münzen. An den Talern haften individuelle Spuren ihres Gebrauchs und damit der Vergangenheit: *Manche waren durchlöchert, beschnitten und gar nicht mehr rund.* Die Silberstücke geraten zu greifbaren Sedimenten gelebten Lebens, durchaus vergleichbar den Wanderschuhen Van Goghs. Hier wie dort sieht man die Narben früherer Erfahrungen, auch wenn man nicht weiß, welche konkreten Ereignisse sich den Münzen oder welche Wanderungen, Erlebnisse und Lebensbahnen sich den abgetragenen Schuhen aufgeprägt haben. In beiden Fällen gilt Walter Benjamins Diktum: „Leben heißt Spuren hinterlassen.“

Am Ende schreibt die Spur des Geldes sich sogar dem Körper ein. Der blaue Streifen auf der Haut seiner rechten Achsel erinnert den Studenten noch einige Tage an den Tragriemen der schweren Geldtasche. Das kleine Hämatom verweist auf ein bedeutsames Leitmotiv der Erzählung, auf die schwere Last des Geldes. Mit beachtlichem Raffinement entfaltet der Text das Doppeldeutige dieses Motivs, wobei er geschickt die formale Differenz zwischen Rahmen- und Binnenerzählung zu nutzen versteht. Beim beschwerlichen Transport der Silberstücke zum Bezirksgericht wird die Last des Geldes zum physischen Problem. Die braune Seitentasche, *schwer wie Blei*, muß abwechselnd getragen werden, sie bedeutet für beide Träger Mühe und Arbeit im Schweiße ihres Angesichts. Doch die körperliche Beschwernis verliert an Bedeutung im Moment, da der Alte von Grabentickel und seiner Sparwut berichtet. Nun lastet das Gewicht des Geldes nicht mehr auf den Schultern, es legt sich vielmehr auf Seele und Gemüt. Aus dem physischen Problem wird ein psychisches, das weit schwerer wiegt. Die *immerwährende Angst* um den Schatz, der manische Zwang zur Geldvermehrung, der den Grabentickel sich *halb zu Tode* schuften läßt, all dies setzt den Geldbesitzer unter Dauerstress. Für Grabentickel gilt, was die Gestalt der Sorge dem alten Faust mahnend entgegenhält: „Und er weiß von allen Schätzen / Sich nicht in Besitz zu setzen." Noch die stressbedingte Appetitlosigkeit des monomanischen Schatzbildners Grabentickel ließe sich mit den Worten der Sorge zutreffend kommentieren: „Er verhungert in der Fülle". Gleichwohl hält Rosegger für die Binnen- wie für die Rahmenerzählung ein versöhnliches Ende bereit. Grabentickels Ehefrau, die kluge und feinfühlige Diebin, befreit den Gatten von der Last des Geldes und damit aus den Qualen seines Dauerstresses. Und auch die beiden Träger, endlich angelangt am Bezirksgericht, verspüren nicht nur körperliche Erleichterung. Sie nehmen teil am ästhetischen Genuß, den die einzelnen Münzen den versammelten Betrachtern bieten. Die letzte Erwähnung des Silberschatzes ruft die *schönen Taler* in Erinnerung, eine Schlußpointe, die künstlerischen Mehrwert über den Geldwert stellt.

Charles Baudelaire
Die falsche Münze

Als wir uns von der Tabak-Agentur entfernten, machte mein Freund sich an eine sorgfältige Aufteilung seines Geldes. In die linke Tasche seiner Weste schob er kleine Goldstücke, in die rechte kleine Silberstücke. In die linke Hosentasche eine Menge Sous-Münzen und schließlich in die rechte ein silbernes Zweifrankenstück, das er sorgfältig geprüft hatte. „Was für eine seltsame und pingelige Art der Aufteilung!", sagte ich bei mir selbst.

Wir begegneten einem Armen, der uns zitternd seine Mütze entgegenhielt. – Ich kenne nichts Verstörenderes als die stumme Eloquenz dieser flehenden Augen, die für einen Menschen, der sie zu lesen vermag, gleichermaßen Demut und Vorwurf enthalten. Er findet in ihnen nachgerade jene vieldeutige Gefühlstiefe, wie sie in den tränenfeuchten Augen geschlagener Hunde begegnet.

Das Almosen meines Freundes war weit ansehnlicher als das meine, und ich sagte ihm: „Sie haben recht, nach dem Vergnügen, in Erstaunen versetzt zu werden, gibt es kein größeres, als für eine Überraschung zu sorgen." – „Es war ein falsches Geldstück", sagte er ruhig, als wollte er sich für seine Freigiebigkeit rechtfertigen.

In meinem elenden Gehirn aber, stets auf der Suche nach dem Ungewöhnlichen und Unerwarteten (mit welch beschwerlicher Fähigkeit hat die Natur mich da beschenkt!), regte sich plötzlich der Gedanke, ein solches Verhalten von Seiten meines Freundes sei nur entschuldbar, wenn es sich der Neigung verdanke, in das Dasein dieses armen Teufels ein Erlebnis zu bringen, womöglich sogar verschiedene, schlimme oder andere Konsequenzen zu erkunden, die Falschgeld in den Händen eines Bettlers nach sich zöge. Könnte es sich nicht vervielfältigen in echte Geldstücke? Doch könnte es ihn nicht auch ins Gefängnis bringen? Ein Gastwirt, ein Bäcker könnte zum Beispiel ihn als Falschmünzer verhaften lassen oder als jemanden, der Falschgeld in Umlauf bringt. Ebenso gut könnte das falsche Geldstück einem armen kleinen Spekulanten als Grundstock eines mehrtägigen Reichtums dienen. So kam meine Phantasie in Fahrt, sie verlieh dem Geiste meines Freundes Flügel, sie erging sich in allen möglichen Herleitungen und Annahmen.

Doch jäh unterbrach dieser meine Träumerei, indem er meine eigenen Worte aufgriff: „Ja, Sie haben recht; es gibt kein süßeres Vergnügen, als einen Menschen zu überraschen, indem man ihm mehr gibt, als er erhofft.“

Ich schaute ihm tief in die Augen und sah mit Entsetzen, daß seine Augen in unbestreitbarer Treuherzigkeit glänzten. Mit einem Mal erkannte ich in aller Deutlichkeit, daß er sich wohltätig erzeigen und zugleich ein gutes Geschäft machen wollte. Vierzig Sous gewinnen mitsamt Gottes Herz; mit Geld das Paradies ertricksen und zugleich noch kostenfrei als Wohltäter gelten. Fast hätte ich ihm die Neigung zum verbrecherischen Vergnügen nachgesehen, deren ich ihn vor kurzem noch für fähig gehalten hatte. Es wäre mir merkwürdig und seltsam vorgekommen, wenn er auf Kosten von Armen sich amüsiert hätte; aber niemals verzeihe ich ihm das Dumme seiner Berechnung. Unentschuldbar bleibt man, wenn man böse ist, doch ein gewisser Vorzug besteht darin, dies selbst einzusehen, und das unverzeihlichste Laster ist, Böses aus Dummheit zu tun.

[Übersetzung: Horst Fritz]

Lob des Konjunktivs

Wenn ein Charles Baudelaire zwei Männer auftreten läßt, die in der Metropole Paris gerade einen Tabakladen verlassen, dann liegt die Vermutung nahe, es möchte sich um zwei befreundete Flaneure handeln, die sich gerade für ihren Großstadtbummel mit den nötigen Tabakbeständen eingedeckt haben. Doch nur auf einen der beiden trifft diese Annahme zu, auf den Ich-Erzähler, der hier als Baudelaires Artverwandter, wenn nicht gar als sein Alter Ego agiert. Sein Begleiter hingegen ist sogleich als ordnungsliebender Bürger erkennbar. Das sorgfältige Verstauen der einzelnen Münzen in den verschiedenen Westen- und Hosentaschen trägt, vom Begleiter mit Erstaunen registriert, fast schon Züge einer Zwangshandlung, in der ein bilanzierender, auf Symmetrie bedachter Ordnungssinn am Werke ist, der sich mit einigem Starrsinn am Zahlenwert des Geldes orientiert. Als würden am Bankschalter Münzen unterschiedlichen Werts in verschiedene Fächer verstaut. Ein Kassenschrank auf zwei Beinen, nachgerade das allegorische Bild der durchs Kapital verdinglichten menschlichen Existenz. Die Schlüsselgeste einer Bourgeoisie, die im Paris jener Jahre sich den Slogan ,Enrichissez-vous!‘ auf die Fahne schreibt. Immerhin hat man den Eindruck, dieser Geldmensch sei kein hartherziger Knauser. Das dem Bettler zugesteckte Almosen scheint, zur Verwunderung des Begleiters, reichlich bemessen, löst es doch beim Beschenkten freudige Überraschung aus. Doch die Geste großzügiger Mildtätigkeit trügt, in Wahrheit ist sie Lüge und Täuschung. Im Zuge einer nachgerade grausamen Lakonik zerfährt der Schein der Wohltätigkeit im Moment, da der Schenkende sich unverhohlen und ohne die Spur eines schlechten Gewissens zu seiner Falschgeldspende bekennt. Er offenbart sich als Vertreter einer Charity, die nach außen sich human und großzügig gibt, in Wahrheit jedoch darauf achtet, daß Mildtätigkeit nicht zum Verlustgeschäft wird. Eine Frühform kapitalistischer Großzügigkeit, hinter der das Streben nach Profit lauert. Soziale Wohltaten möglichst zum Nulltarif, gespeist von der heimlichen Hoffnung auf sich mehrenden Wohlstand. Man mag fragen, welcher Auswuchs des kapitalistischen Geldwesens schlimmer sei: der hartherzige Geizhals, welcher in der Tradition eines Harpagon und Grandet keinen Pfennig herausrückt, oder Baudelaires Doppelbetrüger, der Mildtätigkeit simuliert, indem er dem Armen Falschgeld in die Mütze wirft?

Verstört nimmt der Ich-Erzähler den Doppelbetrug zur Kenntnis. Man könnte nun eine Zurechtweisung erwarten, mit der er dem Begleiter das Amoralische, wenn nicht gar das Kriminelle der Geldspende vorhält. Immerhin wurde hier wissentlich Falschgeld in Verkehr gebracht, eine damals wie heute strafbewehrte Handlung. Doch schnell wird klar, daß die Entrüstung des Ich-Erzählers kaum verletztem Rechtsempfinden entspringt. Nicht der Betrug selbst gilt als anstößig, sondern die ihm zugrunde liegende Trivialität einer Gesinnung, der es hauptsächlich um Geldersparnis geht. Die Falschgeldspende wird somit aus einer Perspektive beurteilt, die moralischer Bewertung fernsteht. Bereitwillig verrät der Ich-Erzähler in einer Art Selbstbeschreibung den Grund seiner moralischen Indifferenz. Sein *elendes Gehirn*, das stets dazu neigt, die Dinge komplizierter zu imaginieren, als sie in Wahrheit sind. Ein neugieriges Denken, stets auf der Suche nach Ungewöhnlichem, Originellem und Überraschendem. In der Falschgeldspende des Freundes glaubt er einem die Phantasie anregenden Ereignis beizuwohnen, das diesen Erwartungen entspricht. Er wittert eine Kaskade interessanter Zufälle, die nun ihren Anfang nehmen könnte. Der Bettler mag ein gutes Geschäft machen, indem er die Gunst der Stunde nutzt und aus dem Nichts die falsche Münze in echtes Geld verwandelt. Doch er könnte mit seinem Falschgeld auch erwischt und verhaftet werden, mit juristischen und menschlichen Folgewirkungen, die der Vermutung und der schöpferischen Imagination des Beobachters reichlich Nahrung böten. Derlei konjunktivische Einbildungskraft ist nichts anderes als der Ausdruck poetischen Vermögens, ein Indiz der Fähigkeit, sich die Welt als faszinierendes Feld interessanter alternativer Möglichkeiten vorzustellen. Im Kopf des Ich-Erzählers gerät die Falschgeldspende zur Initialzündung, zum Trigger eines ganzen Bündels möglicher Ereignisse, welche die Routinen des Alltags auf phantasievolle Weise bereichern könnten. Für all das hat der Freund mit seiner Geldspende kein Sensorium. Der Ich-Erzähler wirft dem knausrigen Begleiter kein moralisches Fehlverhalten vor, sondern ein in seinen Augen weit schlimmeres Manko: die fehlende Sensibilität für das poetische Potential des Geldes, für das in seinen Widersprüchen faszinierende Medium, das Glück, aber auch Verderben bringen kann, bestens geeignet, die Phantasie in ein weites Feld unterschiedlichster Digressionen zu führen. Er wandelt damit auf den Spuren jenes genuin romantischen Weltgefühls, das schon Friedrich Schlegel als rastlose und unersättliche Suche nach dem „Neuen, Piquanten und Frappanten" dingfest macht.

Der entrüstete Ich-Erzähler stellt die Motive des Freundes vor den Richterstuhl einer neuen Ästhetik. Fern jeder moralischen oder strafrechtlichen Bewertung beanstandet er einzig die Unfähigkeit, die Bezirke des Interessanten, Piquanten und Frappanten zu betreten. Das Verhältnis von Kunst und Moral wird damit auf eine völlig andere Basis gestellt. Es gilt nicht mehr das Postulat antiker Kalokagathia, der unauflöslichen Einheit von formaler Schönheit und rechtem Handeln, sondern der immer mächtigere Autonomieanspruch des Ästhetischen, welcher alle menschlichen Zustände, selbst die moralisch bedenklichen, als faszinierende Quellen produktiver Einbildungskraft einfordert. Auf dem solcherart bestellen Boden können dann auch die „Blumen des Bösen" erblühen, jene epochale Gedichtsammlung, mit der Baudelaire künftiger Poesie ganz neue Bereiche erschließt, von der Ästhetik des Häßlichen bis hin zur künstlerisch sublimen Feier des Amoralischen. Der Hang zum Bösen und Verrufenen, dies die Quintessenz, ist nur verwerflich, wenn seine poetischen Potentiale ungenutzt bleiben. Wird er jedoch als ein die Phantasie stimulierendes Ereignis erlebt, als eine Art Ariadnefaden in bislang unbekannte aber verlockende Krypten und Labyrinthe des Menschlichen, dann muß der Poet ihn willkommen heißen. Auch das moralisch Befremdliche wird herbeigesehnt, als Schlüsselerlebnis, das neue Türen der Wahrnehmung öffnet. Voraussetzung solcher Neuorientierung ist die Fähigkeit, sich in eine Sphäre vielfältiger Möglichkeiten zu begeben, in eine Welt, in der alles erlaubt ist, wenn es sich nur ästhetisch rechtfertigen läßt.

Dem Freunde fehlt, was Kierkegaard die „Leidenschaft der Möglichkeit" nennt, die Fähigkeit, sich dem „Ozean der Möglichkeiten" anheimzugeben. Musil entwirft im „Mann ohne Eigenschaften" die Typologie eines „Möglichkeitsmenschen", dessen „Möglichkeitssinn" in einem Gespinst von „Einbildung, Träumerei und Konjunktiven“ lebt. All dies fehlt dem knausrigen Begleiter. Ein Manko, das umso verstörender wirkt, als der Freund nach Meinung des Ich-Erzählers gerade dort versagt, wo sich ihm durchs Medium Geld ein Feld der Möglichkeiten auftun könnte, das vielfältiger und verlockender nicht gedacht werden kann. Geld ist nichts anderes, als der magische Durchschlupf, der Bezirke der Wuncherfüllung verheißt, in denen das Begehren tendenziell keine Schranken kennt. Was könnte ich mir für viel Geld nicht alles kaufen! Das Geld als Inkarnation des Konjunktivischen, als Wunschmaschine, die alles Sinnen und Trachten aufs Unendliche ausrichtet, ein Artverwandter der progressiven Universalpoesie, durchaus im Sinne romantischer Poetologie. Wer sich einen großen Lottogewinn wünscht, und wer täte das nicht, der beginnt gleichsam automatisch mit der Mobilisierung dichterischer Einbildungskraft. Wo die Phantasie sich dann ‚ausmalt‘, was mit dem vielen Geld alles möglich wäre, dort wird sie ästhetisch produktiv, nachgerade romanhaft. Sie gibt sich einem Fabulieren hin, in welchem eine bedeutsame Konstante aller Kunst wirksam ist: der Anspruch, die Merkwelt zu erweitern, sie mit bislang ungekannten alternativen Versionen der Realität zu versorgen. Der Ich-Erzähler glaubt zunächst im Denken des Freundes ein solch poetisches Vermögen am Werke. Eine Hochschätzung, die sich metaphorisch im Bild der Flügel verdichtet, die er, wenn auch irrtümlich, dem Geiste des Begleiters bereitwillig zuerkennt. Er gesellt sich damit zur Schar jener Poetologen, die sich den furor poeticus als Flügelwesen vorstellen und dem Pegasus huldigen, dem geflügelten Wappentier dichterischer Einbildungskraft. Wie auch Heinrich Heine in ironischem Überschwang seiner Angebeteten vorschlägt, auf den „Flügeln des Gesangs“ in märchenhafte exoti-

134

sche Landschaften zu reisen. Victor Hugo liefert solcher Topik die stehende Formel: „Die Poesie ist ein Flügelschlag.“

Erst der Sinn fürs Konjunktivische, heute könnte man vielleicht sagen: fürs Virtuelle, gibt den Blick frei ins weite Feld der Möglichkeiten. Wer über dieses Sensorium verfügt, dem wird vor allem die beauté fugitive der Großstadt zum faszinierenden Erfahrungsraum, in dem der Möglichkeitssinn sich exzessiv ausleben kann. Das wohl berühmteste Beispiel der poetischen Aneignung urbaner Realität ist Baudelaires Gedicht „À une Passante“. Im lauten Großstadtgetriebe plötzlich der flüchtige Blickkontakt mit der schönen Trauernden, die im Poeten intensive Bilder einer Liebesbegegnung aufruft, die freilich nur im Bereich des Möglichen verbleibt, aber gerade in diesem Potentialis das Begehren lustvoll forciert. Das Vergehen des Freundes mag daher für den Ich-Erzähler besonders schwer wiegen, weil es im großstädtischen Ambiente stattfindet, in einem Biotop, das nach Meinung Baudelaires vor allem dem Flaneur geziemt, jenem hochsensiblen Bummler, der das Gewimmel der Metropole auf der Suche nach immer neuen Perspektiven und Anregungen durchstreift. Hingegen zielt der Vorwurf dummer Berechnung, am Ende in zorniger Verachtung erhoben, auf einen Menschentyp, in dem die Physiognomie des schon von den Romantikern arg gescholtenen Philisters unverkennbar nachwirkt.

Friedrich Rückert
Der vermauerte Schatz

Im Wald ist voll bemooster
Zertrümmerter Stein ein Platz;
Dort stand das alte Kloster,
Dort liegt der vermauerte Schatz.

Auszog nach Morgenlanden
Ein Ritter wohlgemut,
Und zu des Abtes Handen
Stellt' er sein Geld und Gut.

Bewahre meine Habe,
Vermaure meinen Schatz;
Und kehr' ich heim vom Grabe,
So zeige mir den Platz.

Der Abt war wohl ein schlauer,
Er nahm das Gut in Empfang,
Und baut davon die Mauer
Ums Kloster hoch und lang.

Und als es lang gedauert,
Nach Haus der Ritter kehrt.
Wo ist mein Schatz? – Vermauert,
Wie du es hast begehrt.

Nicht schlecht hab' ich gehandelt,
Dem Kloster zum Gedeihn,
Jedes Goldstück ist verwandelt
In einen Quaderstein. –

Der fromme Ritter fluchet,
Die Mauer reißt er um,
Sein klingendes Gold er suchet,
Und findet die Steine stumm.

Er glaubt nicht an den Wandel,
Er reißt das Kloster ein;
Da sah den guten Handel
Der Abt doch schlecht gedeihn.

Wie Käuzlein aus den Trümmern
Flogen die Mönchlein fort,
Aber zu Tode kümmern
Mußte der Abt sich dort.

O Ritter vom heiligen Grabe,
Was nun beginnest du?
Er zog am Bettelstabe
Wieder dem Grabe zu.

Er ist nicht wiedergekommen
Bis auf den heutigen Tag;
Und niemand hat vernommen,
Wo einst sein Schlößlein lag.

Aber vom Kloster blieben
Die Kunden wohl im Land,
In alter Schrift geschrieben,
Die man nicht recht verstand.

Nun gehen Schatzgräber graben
Am alten Klosterplatz,
Doch nie gehoben haben
Sie den vermauerten Schatz.

Es spielt im Abendschimmer
Durch's Moos ein rötlicher Schein
Aber verwandelt nimmer
Wird in Gold das Gestein.

In seiner Nebelkutte
Sitzt um die Mitternacht
Der Abt auf dem Klosterschutte,
Wo er den Schatz bewacht;

Bis vom heiligen Grabe
Der Ritter wiederkehrt,
Die anvertraute Habe
Vom falschen Hüter begehrt;

Wenn mit dem Pilgerstabe,
Der das Grab hat berührt,
Er wiederkehrt vom Grabe,
Und fordert was ihm gebührt;

Die Wandlung des Geldes

Ein Auftakt wie aus dem Geiste romantischer Poesie. Die steinernen Reste des alten zerfallenen Klosters, verborgen im Dunkel des Waldes, scheinen jenen Ruinenzauber zu beschwören, ohne den die Dichtungen eines Eichendorff oder Tieck kaum denkbar wären. Ruinen berichten von naturbedingten Zerfallsprozessen, von Verwitterungen, verursacht durch Wind und Regen im Laufe der Jahrhunderte. Aber auch von menschengemachten Katastrophen, von Kriegen und Belagerungen, die oftmals schlimmste Zerstörungen mit sich brachten. Wäre von dieser Ballade nur die erste Strophe erhalten geblieben, man hätte für den weiteren Verlauf des Geschehens wohl Ähnliches vermutet, womöglich die Erinnerung an eine geheimnisvolle Klostergeschichte, die dort in alter Zeit sich zutrug. Wilhelm Heinrich Wackenroders „Herzensergießungen eines kunstliebenden Klosterbruders" (1796) bieten gleichsam das Gründungsdokument der literarischen Romantik. Die Helden von Tieck und Eichendorff stoßen während ihrer phantasmagorischen Abenteuer nicht selten auf die Ruinen verfallener Schlösser und Klöster. Noch in nachromantischer Zeit bleibt das Thema Kloster der Literatur erhalten, in Grillparzers „Das Kloster bei Sendomir" und in Jane Austens „Northanger Abbey", hier freilich als Parodie auf die

literarische Mode der Schauerromane. Thomas De Quincey wählt
für seinen einzigen Roman den Titel „Klosterheim", wohl in der
Hoffnung, der an gothic tales und an deutsche Romantik erinnern-
de Name möge beim Publikum Neugier und Kauflust wecken.
Selbst der Realismus macht sich mitunter die latente Magie des
Klostermotivs zunutze. Wo Fontane in seinen „Wanderungen durch
die Mark Brandenburg" und im Romandebüt „Vor dem Sturm" das
Kloster Lehnin als historischen Auftakt zur christlichen Besiedlung
des Wendengebietes vorstellt, dort spürt man ein leises Pathos, das
sich zutreffend mit einem Aphorismus Goethes beschreiben ließe:
„Das Beste, was wir von der Geschichte haben, ist der Enthusias-
mus, den sie erregt."

Wo dann noch ein vermauerter Schatz Erwähnung findet, scheint
man vollends auf den Spuren einer dunklen, geheimnisumwitterten,
womöglich abenteuerlichen Klostergeschichte. Man mag an goldene Meßkelche, an juwelengeschmückte Kruzifixe und Reliquien
denken, an kunstvoll inkrustierte Evangeliare, an Kostbarkeiten,
die in Zeiten höchster kriegerischer Gefahr im sicheren Klosterver-
steck eingemauert wurden. Doch schon die nächste Strophe versetzt solchen Erwartungen einen Dämpfer. Ein Ritter sucht für die
Zeit seiner längeren Abwesenheit lediglich einen sicheren Aufbewahrungsort für sein mobiles Vermögen. Keine Rede vom Kloster
als einem Ort der Fürbitte, der seelischen Einkehr am Vorabend
der weiten und gefährlichen Reise ins Heilige Land. Die Mauern
der geweihten Stätte sind nur als eine Art Geldschrank von Interesse, als eine Frühform des Banktresors, mit Abt und Mönchen als
Sicherheitsdienst. Kein Dankeswort richtet sich an den Klostervor-
steher. Stattdessen ergeht schon jetzt für den Moment der Rück-

kehr der lakonische Befehl: *So zeige mir den Platz.* Der Gottesmann hat nur die Funktion eines für die Schließfächer zuständigen Bankangestellten, der pflichtgemäß den Besitzer zum Aufbewahrungsort des Geldes geleitet.

Das Anliegen des Ritters ist rein weltlicher Natur, es schert sich nicht um den religiösen Status des Ortes, an dem das Geld verwahrt werden soll. Doch gerade diese einseitige Fixierung aufs Monetäre birgt für beide Seiten den Keim des Verderbens. Als allgemeines und damit abstraktes Wertäquivalent ist Geld ein Paradigma der Vieldeutigkeit. Es kann sich in alle möglichen Dinge verwandeln, es kann die verschiedensten Zustände, Verhaltensweisen und Affekte stimulieren. Es ist ein Virtuose des Switching, weil es sich, mit Schopenhauer gesprochen, wie ein Proteus in die unterschiedlichsten Gegenstände des Wünschens und Begehrens verwandeln kann. Wer mit einem solchen Medium hantiert, ist naiv, wenn er glaubt, sich auf vermeintlich Eindeutiges verlassen zu können. Jederzeit kann die dem Geldprinzip inhärente Vieldeutigkeit hervorbrechen und das Erwünschte in eine andere Richtung drängen. Genau dies geschieht im Moment, da der Ritter den Abt beauftragt, den Schatz und damit das Geld zu vermauern. Denn Geld kann man nicht nur für spätere Zwecke horten, man kann es auch sofort ausgeben, sei es für einen begehrten Gegenstand oder, wie im vorliegenden Fall, für die Realisierung eines erwünschten Projektes. Das Geldprinzip und das Wort ‚vermauern‘ finden ihr Gemeinsames auf der Ebene der Mehrdeutigkeit. Sowohl im Geld wie in der Sprache schlummern gewaltige permutative Kräfte. Man kann den Schatz zum Zwecke späterer Verfügbarkeit im Versteck einmauern, ihn aber auch sofort mit Hilfe bezahlter Bauleute in eine Mauer verwandeln. Der Ritter setzt auf die erste, der Abt auf die zweite Möglichkeit.

War dem Abt das Doppeldeutige des Wortes ‚vermauern‘ nicht bewußt? Hat er reinen Herzens oder in einer gewissen Naivität geglaubt, auch dem Ritter gehe es um den Bau der Klostermauer? Dies wäre Ausdruck einer vielleicht vom göttlichen Willen zugunsten der heiligen Stätte verfügten sancta simplicitas. Der Mönch würde demgemäß zum irdischen Vollstrecker einer heilsgeschichtlichen List, die mit weltlichen Mitteln für das Wohlergehen des Klosters sorgt. Doch derlei Deutungen verbieten sich im Moment, wo von der Schläue des Abtes die Rede ist. Der Schlaue und Gerissene hat stets ein Gespür für Mehrdeutiges und Ambivalentes, eine Fähigkeit, die es ihm erlaubt, all die Naiven zu übertölpeln, die nicht in der Lage sind, das für sie selbst Eindeutige ins Alternative und Ambiguose zu rücken. Zu jener Gruppe der schlichten Gemüter gehört der Ritter, der nicht im Mindesten ahnt, daß das Wort ‚vermauern‘ nicht nur in der von ihm selbst gemeinten Bedeutung aufgefaßt werden muß. Der schlaue Abt hingegen erklimmt die Metaebene der Mehrdeutigkeiten und nutzt diesen Erkenntnisvorsprung zum Vorteil seines Klosters. Das Wort ‚schlau‘ wurde erst im 16. Jahrhundert in der Alltagssprache gebräuchlich. Das Denken und Handeln des mittelalterlichen Kirchenmannes weist voraus in einen Bereich neuzeitlicher, frühmoderner Ambivalenzen, die es ohne die Realabstraktion und damit die Beliebigkeit des Geldprinzips kaum gäbe. In einer rabulistischen Volte macht der Abt aus der paulinischen Unterscheidung zwischen totem Buchstaben und lebendigem Geist eine diabolische Denkfigur, welche die Buchstabenfolge des Wortes ‚vermauern‘ der Zweideutigkeit preisgibt.

Doch auch der Ritter ist nicht ohne Schuld. Wo er *sein Geld* abzusichern sucht, bringt er nolens volens die fatalen Wirkungen eines Kommunikationsmediums ins Spiel, das kraft seiner strukturellen Indifferenz mehrdeutig bleiben muß. Zwischen Ritter und Abt entsteht ein schicksalhafter Wirkungszusammenhang, der sich mit den Kategorien Gut und Böse kaum mehr beschreiben läßt.

Der Abt läßt weisungswidrig das Geld des Ritters für die Ziele und Bedürfnisse des Klosters arbeiten. Das zur bloßen Aufbewahrung bestimmte Kapital wird gleichsam geerdet. Um das Kloster entsteht die Mauer, *hoch und lang.* Dabei geht es weniger um eine beliebige Baumaßnahme, als um den Nachvollzug, um die imitatio eines bedeutsamen heilsgeschichtlichen Musters. Schon der alttestamentarische Psalmist spricht von der göttlichen Weisung: „Tue wohl an Zion nach deiner Gnade; baue die Mauer zu Jerusalem" (Ps. 51,20). Deren visionäre Steigerung bietet die Offenbarung des Johannes, die das himmlische Jerusalem beschwört, eine „Stadt von lauterem Golde", umgeben von einer „hohen und großen Mauer", befestigt mit Grundsteinen „aus allerlei Edelgestein" (Off. 21). Womöglich war es gerade die bilderstarke Fusion von Goldglanz und mächtiger Mauer, die in der Phantasie des Abtes das biblische Vorbild wachrief und den Anstoß gab für das Projekt des klösterlichen Mauerbaus. Im Traditionszusammenhang solcher Bibelstellen, in einem Klosterbezirk naheliegend und allemal verpflichtend, widerfährt dem Schatz des Ritters eine bemerkenswerte Wandlung: *Jedes Goldstück ist verwandelt / In einen Quaderstein.* Die Proteusnatur des Geldprinzips, womöglich noch gesteigert durch die Formähnlichkeit von Münze und Oblate, erfährt ihre religiösen, wenn nicht gar eucharistischen Weihen, sie wird zum Vehikel der im Mauerbau sich ereignenden Transsubstantiation. Das weltliche Medium Geld verwandelt sich in eine Klostermauer, es befördert die Grenzziehung zwischen profaner Außenwelt und christlich-arkanem Bezirk. Der weltliche Schatz des Ritters leistet seinen Beitrag zur Arbeit an der civitas dei.

Unterschätzte bislang der Ritter die Proteusnatur des Geldes, so nun der Abt dessen latentes Destruktionspotential. Der vom Heiligen Grab Heimgekehrte, vom Abt über die Verwendung des Schatzes informiert, ist nicht in der Lage, das Handeln des Priors und dessen christliche Beweggründe anzuerkennen oder gar zu billigen. *Der fromme Ritter fluchet*, in kruder weltlicher Orientierung bleibt er fixiert auf sein Geld, er glaubt nicht *an den Wandel*. Die Transsubstantiation seines Schatzes in die das Kloster schützenden *Quadersteine* kann oder will er nicht in ihrem Sinngehalt wahrnehmen. Verdrängung und Realitätsverweigerung vereinen sich zur wirklichkeitsfremden Obsession, die der Welt, und sei es mit Gewalt, etwas Nichtexistierendes zu entreißen sucht. Die monomanische Selbstpreisgabe an den Geldbesitz setzt beträchtliche zerstörerische Energien frei. Der vom Geld des Ritters erbaute Grenzwall zwischen kirchlicher und weltlicher Sphäre kann seinen Zweck nicht erfüllen. Die zur Mauer gefügten Quadersteine bleiben affiziert von der fragwürdigen, wenn nicht gar unlauteren Art ihrer Finanzierung. Ein nicht zu tilgender Makel, der den Keim der Zerstörung in sich trägt. Im Zuge seiner vergeblichen Schatzsuche legt der Ritter das ganze Kloster in Trümmer. Was Wind, Regen und andere Verwitterungsprozesse erst im Laufe von Jahrhunderten zuwege bringen, die Verwandlung stabiler Klostermauern in eine Ruine, gelingt dem von seiner fixen Idee besessenen Ritter in nur wenigen

Wochen oder gar Tagen. Das Kloster verliert seine Bestimmung, die Mönche entfliehen der Totalzerstörung, wobei das Bild der *Käuzlein* auf ein christliches Bedeutungsfeld verweist, in dem Eulenvögel vor allem Tod, Verwüstung und Grabesstimmung signalisieren. So schließt die erste Hälfte der Ballade mit einer Lose-Lose-Situation. Ritter und Abt stehen der eine wie der andere mit leeren Händen da, beide Opfer der dämonischen Ambivalenzen des Geldes.

Mit den Jahren verliert das Geschehen um die Klosterzerstörung seine historische Prägnanz. Vom Vergangenen bleibt nur die ruinöse Wiederholung des Anfangs. Ruinös im doppelten Sinn, als Totalverlust der Geldmittel wie auch als Verwandlung der Klostermauern in ein steinernes Trümmerfeld. Die Wiederkehr des Vergangenen vollzieht sich in Form einer gespenstischen Reprise. Abermals macht der Ritter sich auf zum Heiligen Grabe, nun freilich *am Bettelstabe*, seines Schatzes beraubt. Und der Abt, vormals Prior eines stolzen Klosters, schlüpft wieder in die Rolle des Wächters. Doch nun bewacht er einen Haufen zertrümmerter Steine und das Phantasma eines imaginären Schatzes, den es weder in Gold noch als verläßliche Mauer aus stabilen Quadersteinen gibt. Doch bekanntlich befeuern derlei Verfallsgeschichten die kollektive Phantasie und die volksläufigen Narrative. Das Geschehen um die Klosterzerstörung weitet sich mit der Zeit zum diffusen Echoraum gemeinschaftlichen Redens, es wird zur Sage, zum assoziationsträchtigen Fundus raunender *Kunden* und Mären. Den Ruinen des Klosters gilt nun kein religiöses Gedenken mehr, auch keine romantische Schwärmerei. Die baulichen Reste wecken nur die Gier nach materiellen Gütern. *Schatzgräber* graben in den Trümmern, gespenstische Wiedergänger des verzweifelt nach seinem Geld suchenden Ritters, doch auch sie auf immer erfolglos in ihrem manischen Bemühen. Der Abt selbst wird schließlich zum nächtlichen Revenant, in einer Funktion, in der sich auf nachgerade emblematische Weise Vergeblichkeit manifestiert. Die mitternächtliche Wacht auf dem Klosterschutt gilt gleichsam einer Nullstelle, jenem Nichts, in das sich das Geld verwandelte, als die Mauern der Zerstörung anheimfielen.

Nun hilft nur noch messianische Hoffnung. Am Ende steht der Wunschtraum, dermaleinst werde der Pilgerstab des Ritters, durch die Magie des Heiligen Grabes aufgeladen mit Wunderkraft, den Verfallsprozess des Geldes umkehren und die Tage des Goldes neu erstehen lassen. Eine höchst unsichere Erwartung goldener Zeiten, die sich freilich auf das prominente Vorbild Tannhäuser berufen könnte, auf jenen sündigen Romfahrer, dessen verdorrter Pilgerstab plötzlich neu ergrünt und, folgt man Richard Wagner, der Welt Gnade, Erlösung und der „Wunder Heil" beschert. Rückert selbst entwirft in seiner Barbarossa-Ballade eine vergleichbare Utopie von diesmal politischem Zuschnitt: die kühne Erwartung, in hundert Jahren werde der große mittelalterliche Kaiser Rotbart sein unterirdisches Kyffhäuser-Asyl verlassen und als Heilsbringer die Herrlichkeit des Reiches wiederherstellen. Doch beim vermauerten Schatz kann von solch utopischem Elan keine Rede mehr sein. Aus messianischer Hoffnung wird ein absurdes Warten auf Godot. Übrig bleibt nur noch der Traum von der Rückverwandlung der Trümmer ins Geld, die Schimäre einer aufs Monetäre geschrumpften innerweltlichen Erlösung. Deren düsteren und zynischen Kommentar liefert nicht von ungefähr der Rabe, ein Zeuge aus der Familie jener Orakelvögel, deren Krächzen zumeist keine glückliche Zukunft verheißt, sondern Galgen, Tod und Verwesung.

Eduard Mörike
Einem kunstliebenden Kaufmann

Hermes, der handelbeschützende Gott, der klug mit dem Beutel
  Schaltet, nachdem er dem Sohn Letos die Leier geschenkt,
Wahrlich, er sieht dir nicht scheel um die täglichen Opfer, womit du,
  Fern von seinem Altar, singende Musen berufst.
Ohne das Schöne, was soll der Gewinn? Dem feineren Sinn nur
  Duftet die Blüte des Glücks. Heil dir, du kennst sie, o Freund!

Der schöne Profit

Wer heutzutage im Wirtschaftsteil der Tageszeitungen blättert, wird nicht selten dem Namen Hermes begegnen. Mit dem Götterboten schmückt sich ein international erfolgreicher Logistikdienstleister, aber auch ein weltweit agierender Produzent von Luxusmodeartikeln. Nicht zuletzt wurde hierzulande die staatliche Absicherung riskanter Exportgeschäfte bekannt unter dem Terminus Hermes-Bürgschaft. Der Gott des Handels scheint gelegentlich noch immer ein wachsames Auge auf den mittlerweile globalisierten Warenverkehr zu werfen. Und doch ist er nicht mehr jener *handelbeschützende* Unsterbliche, dem Mörike gleich zu Beginn die Reverenz erweist. Denn dieser schaltet *klug mit dem Beutel*, ein Finanzgebaren, das mehr sein will als pure Ökonomie. Den Unterschied macht das Wort *klug*. Natürlich liest man auch heute noch von klug angelegten Geldern und Aktien, doch geht es hier vornehmlich um das geschickte Platzieren von Kapitalien, um ein ökonomisches Kalkül, das sich an möglichst hohen Profitmargen orientiert. Bei Mörike signalisiert der kluge Umgang mit dem Geld eine Weise geschäftlichen Handelns, die weit über die Grenzen monetärer Selbstreferenz hinausstrebt.

Das Wort *klug* gewinnt seinen Bedeutungsgehalt und seine Emphase durch die Einbettung in den mythologischen Kontext der griechischen Antike. Nicht nur Hermes findet Erwähnung, auch Apollo, der *Sohn Letos*. Handel und Kunst werden zueinander in Beziehung gesetzt, doch nicht kontrastierend, wie bei jener Entgegensetzung von Künstlertum und Bürgertum, die seit dem 19. Jahrhundert zu einem zentralen Thema der Literatur werden sollte, von der Romantik über die Boheme bis hin zu Thomas Mann. Der Antikenkenner Mörike ruft die Tatsache in Erinnerung, daß nicht Apollo, sondern Hermes als Erfinder der Leier gilt, die dieser dann dem Leto-Sohn überließ. Mörike verfährt dabei allerdings recht großzügig mit der mythischen Vorlage. Die Leier wechselt dort nicht als Geschenk den Besitzer, sie wird vielmehr Gegenstand eines Tauschgeschäftes, bei dem Hermes letztendlich einen Teil der Rinder behalten darf, die er zuvor Apollo gestohlen hatte. Die poetische Eigenmächtigkeit des Dichters verdankt sich wohl der Absicht, das Tauschgeschäft der beiden Götter als noch unbefleckt von jeglicher Gewinnabsicht darzustellen. Der französische Soziologe Marcel Mauss wird später mit dem Begriff der Gabe (Le don) das Modell eines Austausches vorstellen, der über das reine Geldinteresse hinaus ein soziales Miteinander stiftet, in dem sich gesellschaftliche Solidarität als handlungsleitende moralische Kategorie ausbilden und stabilisieren kann. Insofern mag man es durchaus wagen, Mörikes Hinweis auf den *feineren Sinn* und auf die Wohltaten des kaufmännischen Mäzens auch als utopische Vorahnung gelingender menschlicher Tauschbeziehungen zu deuten.

Wenn Handel und Kunst in der Gestalt des Hermes gleichen Ursprungs sind, sie sogar einander ursächlich zugeordnet werden, dann gehören der Ökonomie von Beginn an Sinnperspektiven zu, die über bloße Kapitalakkumulation weit hinausreichen. Der rechte Umgang *mit dem Beutel*, dem bekannten Utensil des Hermes, verweist somit auf einen unabdingbaren Imperativ ökonomischen Handelns. Die Verwendung des Geldes ist nur dann *klug*, wenn sie geldexternen Zielen dient, wenn das Monetäre bloßes Mittel bleibt und nicht selbst zum Zweck erhoben wird. Noch genauer läßt sich der vom Hermes-Mythos entfaltete Sinngehalt des Geldes fassen, wenn man den Stellenwert bedenkt, den der Begriff der Klugheit im philosophischen Denken der griechischen Antike einnimmt. Platon weist der phronêsis eine nachgerade transzendentale Bedeutung zu, er bestimmt sie fast schon kantisch als Möglichkeitsbedingung jedweder Tugend, als „der anderen Erkenntnisse Erkenntnis." Eine Denkfigur, die implizit den Anspruch erhebt, jeden individuellen wie gesellschaftlichen Handlungsbereich daraufhin zu befragen, ob seine internen Zielsetzungen in vernünftiger Weise vereinbar seien mit den moralischen Geltungsansprüchen anderer Handlungsbereiche. Der Klugheit fällt somit die Aufgabe zu, die raison d'être des Monetären anzumahnen und den Blick auf vernünftige geldexterne Zwecke zu lenken. Demgemäß steht Klugheit für eine Kraft der Reflexion, die fähig wäre, der ökonomischen Sphäre sittliche und damit humane Ziele vorzugeben. Das Geld nicht als Selbstzweck, sondern als Mittel fürs rechte Leben. Vor solchem Problemhorizont verrät sich im klugen Umgang *mit dem Beutel* bereits die Allergie gegen einen Gelderwerb nur um des Gelderwerbs willen, gegen jene selbstbezügliche Kapitalanhäufung, auf die schon Aristoteles mit seiner Kritik am Zinswesen und an der Chrematistik abzielt. Fast zeitgleich mit Mörike greift Karl Marx diesen Gedanken auf, wo er die einsinnige Akkumulation des Kapitals als zentrales Strukturproblem der bürgerlichen Ökonomie aufzeigt.

Der hier angesprochene kunstsinnige Kaufmann scheint den Maßstäben klugen Wirtschaftens auf vorbildliche Weise zu entsprechen. Ein Förderer der Kunst, stets bestrebt, sein erwirtschaftetes Kapital vernünftigen und damit humanen Zielen zuzuführen, wobei er augenscheinlich als Mäzen des Musikwesens und der Sangeskunst in Erscheinung tritt. Doch mit nur einer Halbzeile gelingt dem Gedicht das Kunststück, alles Persönliche ins Allgemeine zu heben, in den Rang eines eminenten Falls, der unversehens den Stellenwert des Geldes in der modernen Ökonomie kritisch beleuchtet: *Ohne das Schöne, was soll der Gewinn?* Auf den ersten Blick scheint es, als wäre das Geld nur im Erwerb schöner Dinge, nur im Kunstbetrieb und im Kunsthandel klug angelegt. Eine solche Deutung unterschlüge freilich den von der deutschen Klassik ausgebildeten Begriff des Schönen, dessen Emphase hier unverkennbar nachwirkt. Wenn Schiller mit utopischem Elan der unabdingbaren ästhetischen Erziehung des Menschengeschlechtes das Wort redet, dann ist in einem solchen Konzept das Schöne weit mehr als nur schmückendes Beiwerk privater und sozialer Lebensverhältnisse. Es arriviert zum wirkmächtigen Vorbild und Modell gelingender gesellschaftlicher Praxis. Der ästhetische Schein stellt das überzeugende Modell, „das glückliche Symbol" der moralischen Integrität des Menschengeschlechtes vor Augen. Das emphatische *Heil dir* und die odische

Hinwendung zum Freunde vermitteln die utopische Vorahnung gelingender Versöhnung. Ein Kaufmann, der mit seinem Geld das Schöne fördert und sich dem *feineren Sinn* verpflichtet, baut an einer Gesellschaft mit, in der laut Schiller erst „das Reich des Geschmacks" ein „Reich der Freiheit" zu begründen vermag. Er handelt im Sinne jener Klugheit, die zuvörderst nach dem geldexternen Sinn und der sittlichen Bestimmung des Ökonomischen fragt. In der Konfrontation des Schönen mit dem Gewinn berührt das kleine Gedicht ein epochales Thema des 19. Jahrhunderts, das bis heute nichts von seiner Aktualität eingebüßt hat. Es stellt die Frage nach dem humanen Mehrwert des Kapitals.

Der Text verortet die Bereiche Geld und Kunst im Tauschakt zweier Götter, im Aktionsfeld von Hermes und Apollo. Indem er das Monetäre, was dessen Herkunft anbelangt, nicht nur einem einzigen Gott zuordnet, schützt er es vor der Gefahr, eigensinnig zum bloßen Selbstzweck zu entarten. Die Anbindung an den Mythos enthüllt sich hier als eine gedanklich tiefgründige Strategie. Wo der Ursprung des Geldprinzips auf zwei göttliche Ahnherren verweist, den Götterboten und Letos Sohn, dort bekennt das Monetäre sich zum Polytheismus, zu einer religiösen Anschauung, die nicht nur auf das Eine und Absolute starrt, sondern eine Vielzahl anderer Positionen und Wertvorstellungen in den Blick nimmt. Genau dieser Elastizität ist das Geldprinzip dringend bedürftig, will es nicht gleichsam autistisch der Verdinglichung einer zum Selbstzweck entarteten Kapitalakkumulation anheimfallen. Das Geld entfaltet und realisiert seinen Sinn erst dort, wo es sich in den Dienst anderer Götter stellt. Insofern kann Hermes auch nicht zürnen, wenn außerhalb seiner Zuständigkeit, *(f)ern von seinem Altar*, der Kaufmann seinen Gewinn den Musen und damit dem Wirkungsbereich des Apoll zukommen läßt. Kapital und Profit finden ihren Sinn nur auf dem weiten Feld geldexterner Zwecke, nur dort, wo sie sich auch anderen Handlungsbereichen zur Verfügung stellen. Die polytheistische Metaphorik des Gedichtes trägt diesem Erfordernis Rechnung. Sie öffnet die Immanenz des Geldprinzips für Anderes, für die vielen möglichen Sinnfelder, auf denen das Kapital seinen humanen Mehrwert entfalten könnte. Wo diese Öffnung unterbleibt und die Selbstreferenz des Kapitals gar zur dominierenden gesellschaftlichen Kraft wird, dort entsteht jener Monotheismus des Geldes, den schon zuvor Achim von Arnim in seinem geldkritischen Gedicht „Der Welt Herr" poetisch dingfest gemacht hatte. Wie überhaupt die Literatur den heraufdämmernden Kapitalismus oftmals mit einer Semantik absoluter Gottesherrschaft zu erfassen sucht. Von der volkstümlichen Sentenz, das Geld regiere die Welt, bis hin zu Goethes Diktum, dem Geld eigne eine Machtfülle, die sich nur vergleichen lasse mit der Stellung Gottes im Universum. „Money makes the world go round": Der bekannte musikalische Refrain aus dem Musical „Cabaret" spendet dem Kapital sogar die philosophischen Weihen, er befördert es in den Rang der causa prima, des ersten Bewegers. Heutzutage mehren sich die Stimmen, die dem System des Kapitals und der global wirksamen Allmacht des Marktes eine nachgerade monotheistische und damit gefährliche Alternativlosigkeit zuschreiben. Die bürgerliche Gesellschaft, so Niklas Luhmann, „ersetzt die Omnipräsenz Gottes durch die Omnipräsenz des Geldes." Mörikes Verse, auf den ersten Blick nur ein hübsches Gelegenheitsgedicht, artikulieren mit ihrer Verknüpfung von Geld und griechischer Götterwelt eine versteckte wie fundamentale Kritik am Monotheismus des Kapitals.

Um seiner Vorstellung vom kunstliebenden Kaufmann Nachdruck zu verleihen, bemüht Mörike den Hermes-Mythos, der Handel und Leier, Geld und Schönes zur humanen Symbiose zusammenfügt. Doch das 19. Jahrhundert bietet für derlei Nobilitierung keinen guten Resonanzboden. Die expandierende Macht des Geldwesens läßt zu jener Zeit solch rückwärtsgewandter Utopie nur wenig Hoffnung auf Verwirklichung. Das Kapital beginnt seinen Siegeszug. Unzählige literarische Werke haben seit dem 19. Jahrhundert diese heikle wie faszinierende Erfolgsgeschichte in wirkmächtigen Darstellungen festgehalten. Emile Zola führt in seinem Roman „L'Argent" das Bankwesen und die Börsengeschäfte als ein einziges Fressen und Gefressenwerden vor Augen. In eindrucksvoller Darstellung schildert er die Auswüchse einer Profitgier am Rande der Illegalität. Zuvor schon hatte Balzac im Roman „Le Père Goriot" die in seinen Augen latent kriminelle, heute würde man vielleicht sagen mafiöse Struktur des Kapitalismus in die gewagte These gefaßt, hinter jedem großen Vermögen stecke ein Verbrechen. In diese Tradition stellt über hundert Jahre später Friedrich Dürrenmatt seine alte Dame, die Milliardärin Claire Zachanassian. Auch sie ist Mäzenin, freilich keine kunstliebende. Die superreiche Unternehmerin spendiert dem wirtschaftlich heruntergekommenen Dorf Güllen, nomen est omen, eine Milliarde als Gegenwert für einen Mord: „Konjunktur für eine Leiche." Der Plan geht auf, die Ungeheuerlichkeit bleibt sogar ungestraft. Auch hier bemüht der Text noch die Restspuren des Mythos, nun freilich nicht mehr mit utopischen Hermes-Allusionen. Die Zachanassian tritt auf wie eine Rachegöttin, als diabolische Wohltäterin, deren Reichtum sich wie ein mythischer Bann über eine ganze Dorfgemeinschaft legt und diese zum gemeinschaftlichen Mord verleitet. Der von Marx diagnostizierte Fetischcharakter des Kapitals wird zum gesellschaftlichen Ereignis. Die Magie des Geldes geistert wie ein Dämon durch das Fühlen und Denken der Menschen und macht ein ganzes Gemeinwesen den schlimmsten Absichten gefügig. Auf groteske, ja teuflische Weise bringt sich hier wieder ein geldexterner Mehrwert zur Geltung. Doch nun geht es nicht mehr um die humane Symbiose von Gewinn und Schönheit, sondern um die unheilvolle Allianz von Geld und Verbrechen.

Friedrich Schiller
Der Kaufmann

Wohin segelt das Schiff? Es trägt sidonische Männer,
  Die von dem frierenden Nord bringen den Bernstein, das Zinn.
Trag es gnädig , Neptun, und wiegt es schonend, ihr Winde,
  In bewirtender Bucht rausch ihm ein trinkbarer Quell.
Euch, ihr Götter, gehört der Kaufmann. Güter zu suchen,
  Geht er, doch an sein Schiff knüpfet das Gute sich an.

Ein Traum vom guten Handel

Der imaginäre Hafenbesucher betrachtet einen an der Kaimauer
vertäuten Segler und fragt sich, womöglich auch die Umstehenden,
wohin das Schiff wohl fahren werde. Wie ein neugieriger Tourist,
der eher beiläufig sich nach den Zielhäfen erkundigt. Doch jeder
Fragende steht, solange er die Antwort noch nicht weiß, vor einem
diffusen Feld vielfältiger Möglichkeiten. Die Neugierde sieht sich
konfrontiert mit offenen Horizonten, nicht nur mit denen des weiten Meeres, sondern auch mit einem Kontinuum unterschiedlicher
Aktionsräume. Auch die zeitliche Dimension bleibt noch unge-
klärt. Spricht der Fragende in der Jetztzeit, in den Jahren um 1800,
als Schiller sein Epigramm verfaßte? Dann nähme das Handelsschiff teil an einem Warenverkehr, der zu Beginn des 19. Jahrhunderts sich gerade anschickt, in globale Dimensionen vorzustoßen.
Im Lichte solcher Überlegungen ließe sich der schlichte Auftakt
Wohin segelt das Schiff? auch interpretieren als bange und zugleich

erwartungsvolle Frage nach der Zukunft, nach dem Wohin einer sich mehr und mehr entfesselnden bürgerlichen Ökonomie, die sich gerade anschickt, den gesamten Erdball ihren Handelsinteressen zu unterwerfen.

Dem Neugierigen wird sogleich Antwort zuteil. Dies mit einem einzigen Wort, einem schlichten Adjektiv, welches die Herkunft der Matrosen enthüllt. Der Hinweis auf die *sidonische* Besatzung ordnet den Segler der Stadt Sidon zu, mithin den Phöniziern, jenem Handelsvolk, dessen Schiffe den antiken Warenverkehr maßgeblich beherrschten. Wir sind also nicht in der Welt des beginnenden 19. Jahrhunderts, sondern im ersten vorchristlichen Jahrtausend. Schiller projiziert die im Titel noch unspezifische Figur des Kaufmanns in die Antike, in eine Welt, von der er vermutlich glaubt, sie sei dem Handelsmann günstiger als die ökonomischen Aktivitäten seines eigenen Jahrhunderts. Dabei gelingt ihm mittels knapper Andeutung die raffinierte Evokation südlich-mediterraner Gefilde, ohne daß diese Sphäre ausführliche Erwähnung findet. Wo vom *frierenden Nord* die Rede ist, dies im motivischen Kontrast zur antiken Handelsstadt am Mittelmeer, dort wird die Wahrnehmung der Lesenden unweigerlich auf die Phantasmagorie eines Südens gelenkt, den die Imaginationskraft vieler nordischer Künstler immer wieder zum Sehnsuchtsort verklärte: Et in Arcadia ego.

Das von den phönizischen Seeleuten ins Mittelmeer verfrachtete Warensortiment wird vorgestellt in zwei exemplarischen Handelsgütern: Bernstein und Zinn. Dies entspricht durchaus der ökonomischen Bedeutung, die beiden Rohstoffen für die nord-südlichen Handelsbeziehungen jener Zeit zukam. Wobei Schiller, angewiesen auf den Kenntnisstand seiner Zeit, in Sachen Bernstein einem handelsgeographischen Irrtum unterliegt. Der Bernsteinhandel jener Zeit erfolgte, wie noch Timo Ibsen kürzlich nachwies, nicht zu Schiff, sondern weitgehend über die Bernsteinstraße, die auf dem Landweg von der Ostsee durchs heutige Sachsen-Anhalt südwärts in Richtung Alpen verlief. In Sachen Zinn halten Schillers Hinweise historischer Prüfung stand. Die Zinnvorkommen auf einigen der britischen Küste vorgelagerten Inseln wurden weitgehend von den Phöniziern erschlossen und zu Schiff der mediterranen Welt nutzbar gemacht. Im poetischen Kontext von Schillers Gedicht ist freilich die symbolische Bedeutung von *Bernstein* und *Zinn* von noch größerem Interesse. Bernstein, das Gold der Ostsee, war ein begehrter Grundstoff des mediterranen Schmuckhandwerks. Sein ästhetischer Reiz und sein Seltenheitswert waren zudem geeignet, ihn auch mythologischen Vorstellungen und rituellen Zwecken dienstbar zu machen: z. B. als greifbar gewordener Sonnenstrahl des Helios oder als Träne, die der unglückliche Phaeton nach seinem Unfall mit dem Sonnenwagen vergießt. Auch das schlichte Metall Zinn findet Eingang in die Mythologeme der antiken Welt. Homer erwähnt es mehrfach als metallurgischen Grundstoff für die bronzenen Waffen seiner Helden. Im 18. Gesang der „Ilias" schmiedet Hephaistos die Ausrüstung, welche Achilleus für den Kampf gegen Hektor benötigt. Bei der Schilderung des Schmiedevorgangs wird das Zinn namentlich genannt. Dies an prominenter Stelle, bei der Verfertigung des Schildes, der den Peliden im Kampf beschützen soll. Seine Berühmtheit verdankt dieser Schild der Tatsache, daß Hephaistos auf der Außenfläche einen gewaltigen orbis pictus entfaltet, vom Makrokosmos der Gestirne bis hin zum Mikrokosmos unterschiedlichster menschlicher Verhältnisse und Zustände. Das

Zinn ist Hauptbestandteil der materiellen Basis, auf welcher sich der überwältigende Bilderzyklus des Hephaistos entfaltet.

Die bislang noch diskret gehaltenen mythischen Allusionen gewinnen im weiteren Fortgang des Epigramms deutlicheres Profil. Zwar kann man sich dem seetüchtigen Schiff durchaus anvertrauen, doch wie solide es auch immer gebaut sein mag, es bedarf einer höheren und stärkeren Macht, soll es unbeschadet seinen Weg durch die gefährliche See finden. Die Bitte um Hilfe richtet sich an den antiken Gott des Meeres, an jene Instanz, von der man glaubte, daß ohne ihr Wohlwollen der weitreichende maritime Warenverkehr jener frühen Jahrhunderte sich nicht entfalten könnte. Die Gewalt Poseidons findet dabei ein scheues Anerkennen. Man ist angewiesen auf die Hilfe der Götter, die es *gnädig* zu stimmen gilt. Die ökonomischen Zurüstungen und Aktivitäten der Menschen bleiben eingebunden in die Imperative des in den Göttern personifizierten Oikos der Natur. Der Verweis auf Poseidon/Neptun appräsentiert zugleich die Folgen, die sich einstellen können, wo menschliche Hybris diese Imperative mißachtet. Homers „Odyssee" bietet mannigfache Beispiele der zerstörerischen Gewalt, deren Poseidon fähig ist, wo man gegen seinen Willen handelt. Bis hin zur seismischen Verriegelung des Insel-Hafens, mit welcher der erderschütternde Meeresgott die Phaiaken bestraft. Er legt ihre gesamte Seefahrt und ihren Handel lahm, weil sie Odysseus bei Nacht und Nebel die Heimkehr nach Ithaka ermöglichten. Auch die Windverhältnisse, für jedes Segelschiff von existenzieller Bedeutung, erfahren ihre mythische Grundierung. In fast schon mütterlicher Fürsorge soll diese personifizierte Naturmacht das Schiff des Kaufmanns umsorgen. Und auch hier bietet die „Odyssee" ein Beispiel bestrafter menschlicher Hybris. Aiolos, Hüter und Verwalter der Winde, unterstützt die Heimkehr des Odysseus mit dem Geschenk eines Lederschlauches, der alle Winde in sich verschließt, mit Ausnahme des milden Westwindes, den der Heimkehrer für die Schiffsfahrt nach Ithaka dringend benötigt. Die Gefährten des Odysseus jedoch, im Glauben, der Schlauch beinhalte kostbare Schätze, öffnen heimlich das Ledergefäß. Alle Winde fahren heraus und ballen sich zum „bösen Wirbelsturm", der das Schiff in die falsche Richtung treibt.

Ging es bislang vor allem um die von göttlicher Seite gewährte Sicherheit des Handelsschiffes, so gilt nun die Fürbitte dem Wohl der Mannschaft, dem Schutz der sidonischen Männer. Die mütterliche Fürsorge der Natur, zuvor schon im sanften Wiegen der leichten Winde vorsichtig angedeutet, entfaltet sich zum sprechenden Bild. Die Bucht wird zum bergenden Schutzraum, der dem vom offenen Meer einlaufenden Schiff Ruhe und Sicherheit bietet. Und wo dann sogar von Bewirtung und Trank die Rede ist, dort ist die Vorstellung von der Alma Mater nicht weit, der nährenden Mutter Natur, die den Menschen umsorgt. Dem entspricht die prononciert ethische Ausrichtung des Kaufmannsberufes. Solange der, wie Hölderlin ihn nennt, „fernhinsinnende Kaufmann" sich den Göttern verpflichtet weiß, ist er davor gefeit, der rücksichtslose Unternehmer zu werden, dem es ausschließlich um die Steigerung von Profitmargen geht. Sein Sinnen und sein Trachten bleiben den geldexternen Zielen eines rechten Lebens verpflichtet, das die von den Göttern und der Natur vorgegebenen Regulative anerkennt. Ökonomie nicht als Selbstzweck, sondern als Mittel für humane Ziele. Zur Verdeutlichung dieses Anspruchs wagt Schiller ein kleines Sprachspiel mit der Leitvorstellung des Guten. Dem Kaufmann geht es um die Suche nach Gütern. Doch diesen heutzutage nur noch ökonomisch konnotierten Begriff (Güterverkehr, Handelsgüter, Güterzug etc.) präsentiert Schiller in seiner ursprünglichen Bedeutung, in der unauflöslichen Verbindung mit der Vorstellung des Guten. Mit welcher Motivation auch immer der Kaufmann nach Gütern streben mag, sein Handeln und seine Gewinne dürfen und können der Idee des Guten nicht entraten. Schiller sieht in diesem Miteinander nicht nur einen moralischen Imperativ. Er stellt es als unabänderliches Faktum, als unhintergehbare sittliche Norm in den Raum.

Doch das Epigramm entwirft eine rückwärtige Utopie, welche die Realität des frühen 19. Jahrhunderts ausblendet und ihr Heil eher in der verklärten Vergangenheit zu finden sucht. Wo Schiller hingegen den kritischen Blick der Gegenwart zuwendet, dort kommt er zu völlig anderen Ergebnissen. In seinem Gedicht „Der Antritt des neuen Jahrhunderts", verfaßt auf der Zeitenwende um 1800, malt er ein nachgerade düsteres Bild vom zukünftigen Handel. An die Stelle der sidonischen Männer sind nun englische Seeleute getreten, Vertreter der zu jener Zeit führenden Seefahrernation: „Seine Handelsflotten streckt der Brite / Gierig wie Polypenarme aus, / Und das Reich der freien Amphitrite / Will er schließen wie sein eignes Haus." Die pejorative Metaphorik signalisiert, daß solchem Waren- und Güterverkehr das Gute sich nicht mehr als Apriori des rechten Handelns zugesellen kann. Unter der Herrschaft einer polypenhaften menschlichen Gier verloren die Götter ihre Macht. Und wo sie noch Erwähnung finden, laufen sie Gefahr, wie hier die Meeresgöttin Amphitrite, gefangen zu werden im engen und eindimensionalen mare nostrum einer imperialistisch und kapitalistisch forcierten Globalisierung. Wenige Jahrzehnte später wird Goethe im „Faust II" diesen ökonomischen Megatrend in einem Szenario vor Augen stellen, das bis auf den heutigen Tag nichts von seiner Aktualität eingebüßt hat: Mephistopheles, Superkargo und Manager von Fausts Welthandel, beschaut mit Vergnügen das prächtige Handelsschiff, das gerade den Hafen ansteuert, „reich und bunt beladen mit Erzeugnissen fremder Weltgegenden." Auch hier fällt wenig später, wie bei Schiller, das Wort „Güter", als Sammelbegriff für die in „Kisten, Kasten, Säcken" verstauten Waren. Doch solcher Ökonomie entschwand das Gute. Nun herrscht das bei Bedarf mit Gewalt durchgesetzte Kapitalinteresse, das Fausts diabolischer Helfer auf eine griffige wie zynische Formel bringt: „Krieg, Handel und Piraterie, / Dreieinig sind sie, nicht zu trennen." Noch stößt man auf semantische Restspuren des Göttlichen. Doch Mephistopheles macht aus Schillers gnädigen und wohlwollenden Olympiern eine unheilige Trinität, in der das Ökonomische sich den Maßstäben des Guten nicht mehr verpflichtet fühlt, weil es nur noch den Profit als neuen kategorischen Imperativ anerkennt. Dies nährt freilich den Verdacht, daß dem Geldprinzip schon ab ovo eine diabolische Kraft innewohnt. Die Antike scheint dies bereits geahnt zu haben, jene Epoche, in der Schiller seinen Traum vom guten Handel ansiedelt. Die „Odyssee" brandmarkt im vierzehnten Gesang die phönizischen Seefahrer als Gauner und Betrüger, die ihren Kunden „unendlichen Tand" andrehen. Die sidonischen Männer, von Schiller utopisch verklärt, haben schon bei Homer keinen guten Leumund.

Justinus Kerner
Im Grase

Laßt mich im Gras und Blumen liegen
Und schaun dem blauen Himmel zu:
Wie goldne Wolken ihn durchfliegen,
In ihm ein Falke kreist in Ruh'.

Die blaue Stille stört dort oben
Kein Dampfer und kein Segelschiff,
Kein Menschentritt, kein Pferdetoben,
Nicht des Dampfwagens wilder Pfiff.

Laßt satt mich schauen in die Klarheit,
In diesen keuschen, sel'gen Raum,
Denn bald könnt' werden ja zur Wahrheit,
Das Fliegen, der unsel'ge Traum.

Dann flieht der Vogel aus den Lüften
Wie aus dem Rhein der Salme schon,
Und wo einst singend Lerchen schifften,
Schifft grämlich stumm Britannias Sohn.

Blick' ich gen Himmel, zu gewahren,
Warum's so plötzlich dunkel sei,
Erschau ich einen Zug von Waren,
Der an der Sonne schifft vorbei.

Fühl' Regen ich im Sonnenscheine,
Such' ich den Regenbogen keck,
Ist es kein Regen, wie ich meine,
Ward in der Luft ein Ölfaß leck.

Laßt schaun mich von dem Erdgetümmel
Zum Himmel, eh' es ist zu spät,
Eh' wie vom Erdball so vom Himmel
Die Poesie still trauernd geht.

Verzeiht dies Lied des Dichters Grolle,
Träumt er von solchem Himmelsgraus,
Er, den die Zeit, die dampfestolle,
Schließt von der Erde lieblos aus.

Dämonische Luftfracht

Da möchte der Poet sich wie Lenbachs Hirtenknabe bei schönstem Wetter in eine Blumenwiese legen und versonnen in den Himmel schauen. Ein idyllisches Genrebild, würde es nicht getrübt durch ein trotziges *Laßt mich.* Es geht augenscheinlich nicht um kurze Rast, sondern um grundsätzliche Verweigerung. Doch solcher Eskapismus hat es nicht leicht, er muß sich behaupten gegen einen kollektiven Trend, gegen eine Mehrzahl von Zeitgenossen, die nicht innehalten, sondern unbeirrt fortschreiten möchten. Immerhin beläßt man dem Aussteiger sein Glück des Verweilens. Der Blick in den *blauen Himmel* ist weit mehr als bloßer Augenschmaus, er gewährt Fühlung mit dem Kosmischen, jener universalen und zeitlosen Projektionsfläche, der die Menschen schon seit unvordenklichen Zeiten ihre Sehnsüchte, ihre Träume und Wunschbilder einschrieben. Der Flug der goldenen Wolken, um 1840 die fast schon ermüdete, unkräftige Metapher der Verklärung, mag dabei die Elevation der Seele stimulieren, bis hin zum Bild des Falken, das schon im alten Ägypten von der Aura göttlicher Macht und Freiheit umspielt wurde. Die Hommage endet mit einer träumerischen Anmutung: nur die *blaue Stille* des fernen Himmels gewährt einzig noch halkyonische Gestimmtheit, freilich als allzu fernes Refugium einer der rasenden Zeit enthobenen vita contemplativa. Die dem ersten Blick harmlos erscheinenden Anfangsverse enthüllen sich plötzlich als Zeugnisse eines fundamentalen Epochenwandels. Hier der widerständige Rückzug ins idyllische Verweilen, dort ein Weiterschreiten unter dem Banner des Fortschritts.

Wo dann das Gedicht diesen Fortschritt zum Thema macht, nimmt es sogleich technische Schlüsselinnovationen des 19. Jahrhunderts ins Visier, jene Errungenschaften, die zu Lande und zu Wasser der Menschheit eine extrem gesteigerte Mobilität und ganz neue Parameter der Geschwindigkeit bescherten. Zwar finden mit *Segelschiff* und *Pferdetoben* noch ältere Fortbewegungsarten Erwähnung, doch die Zukunft gehört eindeutig der Dampfmaschine und ihrem wohl folgenreichsten Ableger, der Eisenbahn. Schon vor Kerners Gedicht feiert der Brockhaus von 1838 „die brausenden Dampfkolosse" der Eisenbahn als technische Glanzstücke, die eine „neue Weltperiode" verheißen. Kerner selbst steht solcher Huldigung freilich mit beträchtlicher Skepsis gegenüber. Sein Gedicht „Im Eisenbahnhofe" (1852), die frühe poetische Reaktion auf das neue Transportmittel, blickt melancholisch zurück auf die vermeintlich gute alte Zeit des gemütlichen Reisens: „Dampfschnaubend Tier! Seit du geboren, / Die Poesie des Reisens flieht." Der im Grase ruhende Himmelsbetrachter verfährt noch radikaler, er verweigert sich strikt den technisch-utopischen Heilsversprechen. Er verharrt in jener halkyonischen Stimmung, die Walter Rehm in seinem Nachsommer-Essay, als hätte er Kerners Gedicht vor Augen, die „Windstille der Seele in weiter Landschaft unter lichtdurchflutetem blauem Himmel" nennt. Der im Grase Ruhende wählt die Entschleunigung, weil sie ihm Gelegenheit gibt, aus dem Zug des Fortschritts auszusteigen. Mit dem *keuschen* Himmelsraum imaginiert er sich einen Fluchtbezirk, der noch gefeit wäre vor den Zudringlichkeiten einer Technik, die sich gerade anschickt, die Welt zu entzaubern.

Die ästhetische Moderne ist untrennbar verbunden mit dem Begriff der Utopie. Kunst, so Theodor W. Adorno, ist „der Vorschein des

Besseren". Auch Kerners Gedicht hat sein utopisches Substrat, nun freilich versehen mit negativen Vorzeichen. Aus Utopie wird Dystopie. Nicht die bessere Zukunft scheint auf, sondern das Wetterleuchten eines gesellschaftlichen Zustandes, in dem künftige Technik jenes Humane bedroht, das dem utopischen Impuls der Kunst untrennbar zugehört. Als Paradebeispiel dient die technische Errungenschaft des Fliegens. Schon in der Anfangsstrophe wird dieses Thema im Bild des Falken präludierend angeschlagen, freilich noch im Kontext jener halkyonischen Stimmung, die es erlaubt, das Kreisen des Falken und den Flug der goldenen Wolken als Zeugnisse kosmischer Harmonie und himmlischer Ruhe zu begreifen. Diese güldene Heiterkeit vergeht jedoch im Moment, da der Blick sich auf die Zukunft richtet. Das Glück des Fliegens wandelt sich zum Albtraum. Nichts von technikbegeisterter Aufbruchsstimmung im Gefolge der ersten Montgolfière-Flüge, nichts vom Ballonfieber eines Lichtenberg oder dem euphorischen Panoramablick, den Jean Pauls Luftschiffer Gianozzo aus fast schon himmlischer Perspektive auf den Jahrmarkt menschlicher Eitelkeiten wirft. Kerner fehlt das Gespür für das poesieträchtige Abenteuerpotential der Luftfahrt, das nicht zuletzt Jules Verne zum zentralen Spannungselement mehrerer seiner Romane ausfabelte, von der fünfwöchigen Afrikaüberquerung des Dr. Samuel Fergusson bis hin zur achtzigtägigen Erdumrundung des Phileas Fogg.

Man könnte erwarten, die Luftfahrt werde nun warnend als eine Art ikarischer Selbstgefährdung des Menschengeschlechtes dargestellt. Der Sohn des Ingenieurs Dädalus, der kühn und vermessen mit seinem Fluggerät gen Himmel strebt, dessen Hybris schließlich mit Absturz und Tod bestraft wird. Das mythische Modell eines

Fluges, der noch im Scheitern vom Pathos und vom Reiz des Abenteuerlichen zehrt. Unter Vermeidung grundsätzlicher Technikkritik verengt sich Kerners Vorbehalt auf nur eine einzige Folgelast des neuzeitlichen Erfindergeistes, auf die kommerziell ausgerichtete Luftfracht. In ihm regen sich ängstliche Vorahnungen des globalisierten Welthandels. Vor seinem geistigen Auge zieht ein *Zug von Waren* vorbei. Die Handelsgüter scheinen nur einen kleinen Ausschnitt der angehenden Moderne zu repräsentieren, doch weit gefehlt. Fast zeitgleich mit Kerners Gedicht beginnt Karl Marx mit theoretischen Vorüberlegungen zur Warenform, in der das Unvermittelte des Gebrauchswerts sich in die Abstraktheit des Tauschwerts verwandelt. Aus Dingen und Leistungen werden via Käuflichkeit bloße Waren. Es entsteht jene „ungeheure Warensammlung", die Marx als Konstitutionsbedingung und zugleich Ergebnis der kapitalistischen Ökonomie ausmacht. Kerners ahnungsvolles Bild der transkontinentalen Luftfracht geht konform mit Marx und dessen These, erst im Welthandel entfalteten „die Waren ihren Wert universell." Die private Aneignung der Ware ist freilich nur möglich, wo das Geld als Vermittler auftritt, jener „Kuppler zwischen dem Bedürfnis und dem Gegenstand", den Marx als prima causa des Kapitalismus ausmacht, als „Salto mortale der Ware" ins „Weltgeld".

Kerners prophetisch erschautes Defilee der Waren, das wie eine mächtige Himmelserscheinung dahinzieht, entpuppt sich als früher Blick ins Imperium des Geldes, das der Autor sogleich historisch dingfest macht. Mit *Britannias Sohn* gerät, wie bei Marx und Engels, England in den Fokus der Aufmerksamkeit, die zu jener Zeit dominierende Handelsmacht, der es im Schutzraum des riesigen britischen Kolonialreiches gelang, einen bereits global zu nennenden Warenverkehr aufzuziehen. Schon in der englischen Literatur des 18. Jahrhunderts begegnet so manches Beispiel des nationalen Stolzes auf die heimischen Kaufleute. George Lillo bietet in seinem Drama „The London Merchant" (1731) nachgerade die Apotheose eines Berufsstandes, der sich rühmen darf, mit riesigen Geldmitteln zum Sieg der Engländer über die spanische Armada beigetragen zu haben. Neun Jahre später treten James Thomson und David Mallet mit jenen Versen an die Öffentlichkeit, die in der Vertonung von Thomas Arne neben Elgars „Pomp and Circumstance" zur heimlichen Nationalhymne der Briten arrivierten und noch heute alljährlich bei der Last Night of the Proms erklingen: „Rule Britannia! Britannia rule the waves." Die Beherrschung der Meere geht einher mit globaler Handelsmacht: „Thy cities shall with commerce shine." Ein jeder Engländer, so Hegel, könne sagen, „Wir sind die, welche den Ozean beschiffen, und den Welthandel besitzen, denen Ostindien gehört und seine Reichtümer." Kerner projiziert diesen Trend in die Zukunft und entwirft das Bild eines Warenverkehrs, der per Luftfracht die ganze Erde umspannt.

Die bangen Vorahnungen sind eingebettet ins Symbolfeld einer übermenschlichen Drohkulisse. Statt der Klarheit des blauen Himmels nun die plötzliche Verdunkelung, verursacht durch eine Warenmenge, deren gigantisches Ausmaß sogar aufs helle Licht der Sonne einen Schatten wirft. Die Sonnenfinsternis, der Menschheit bislang einzig als interplanetarisches Naturschauspiel gewärtig, könnte bald auch das Resultat eines exzessiven globalen Handels sein. Seit jeher deuteten die Mythen und religiösen Vorstellungen der Völker die vom Mondschatten verursachte Verdunkelung des

Tagesgestirns als Vorboten kommender Gefahren, als kosmisches Fanal bevorstehenden Unheils. Neben dieses nun dem Welthandel geltende Zentralmotiv stellt Kerner das für die kollektive Phantasie nicht weniger bedeutsame Symbol des Regenbogens. Ins Leere läuft plötzlich die seit Urzeiten vertraute Neigung der Menschen, dessen Farbenspiel zu bestaunen. Menschlichen Blicken entschwindet eine Naturerscheinung, die weltweit zum Phantasma des Glücks und des Reichtums wurde, die manche Völker sogar als Brücke zwischen Himmel und Erde deuten, auf der die Engel herabsteigen. In der Bibel gilt sie als Zeichen des Neuen Bundes, den Gott nach der Sintflut mit den Menschen schließt. Doch kommende Zeiten, so die Befürchtung, werden der Menschheit derlei Erfahrungen vorenthalten. Was Goethes Faust noch enthusiastisch als „des bunten Bogens Wechseldauer", als „farbigen Abglanz des Lebens" bestaunt, es verkümmert zum belanglosen Changieren der Spektralfarben auf einem Ölfleck. Gerade hier muß man Kerners Versen beträchtliche prognostische Qualitäten zuerkennen. Mühelos läßt sich das Ölfaß als Vorbote einer Petroleumindustrie deuten, die nur wenige Jahrzehnte später damit beginnt, die Menschheit mit ihren Produkten zu überschwemmen, mit riesigen Gewinnen auf den Konten der Ölmultis, gewaltigen Geldreserven in den Tresoren nahöstlicher Potentaten, allerdings mit katastrophalen Folgen für Mensch und Natur. Die Leckage des Ölfasses bietet die Urszene des Ölunfalls der Exxon Valdez vor der Küste Alaskas wie auch der Deepwater-Horizon-Katastrophe im Golf von Mexiko. Mit solch prophetischem Gespür geht einher die frühe Sensibilität fürs Ökologische. Wo der Lachs aus dem Rhein verschwindet, wetterleuchtet ein Artensterben, das eines Tages auch die Population der Vögel ereilen könnte. Ein früher Hinweis auf jene Umweltschäden, die Rachel Carson in ihrem ökologischen Manifest „Silent spring" (1962) anprangert. Die besorgte Erwähnung gerade der Lerche mag ihren Grund finden in Kerners literarischer Herkunft aus dem Geiste der Romantik. Der Topos des verstummenden Lerchengesangs fügt sich bestens ins verblassende Bild einer Welt, von welcher der späte Eichendorff noch erwartete, sie werde singen, wenn es dem Menschen nur gelänge, das rechte Zauberwort zu finden.

Der vom Profitstreben in gigantische Dimensionen getriebene Warenverkehr wird dem Träumer auf der Wiese zum Menetekel einer modernen Gesellschaft, deren technisch-industrielles Niveau eine Welt massenhaft verfügbarer Dinge erschafft, eine zweite Natur, die sich zwischen Menschenwelt und Himmel stellt. So bleibt es am Ende beim elegischen Wunsch, noch einmal in die *blaue Stille* zu schauen, ein Abschiednehmen, das sich dem Unabänderlichen fügt. Insofern ist das *Laßt mich* des Anfangs eher eine Geste der Resignation, schon gar nicht ein Akt des Widerstandes, der eines Tages ins politische Programm der Entschleunigung münden könnte. Umso hellsichtiger erfaßt der elegisch Nachdenkende die bedeutsamen Konsequenzen, die sich für die Zukunft ästhetischer Produktion und Rezeption ergeben. Im Gestus der Trauer verläßt die Poesie die Erde. Die pauschale Feststellung, sie sei der entzauberten Wirklichkeit nicht mehr gemäß, findet sich bereits in Schillers Zeitkritik. Die Verse „Der Antritt des neuen Jahrhunderts" lesen sich wie der Prätext von Kerners *Im Grase*. Sie prognostizieren bereits die Dominanz englischer Handelsflotten und enden mit dem resignierenden Eingeständnis: „Und das Schöne blüht nur im Gesang." In den „Ästhetischen Briefen" hatte Schiller noch mit utopischem Elan auf einer durch Kunst beförderten Erziehung des Menschengeschlechtes bestanden: „Weil es die Schönheit ist, durch welche man zur Freiheit wandert." Wenig später scheint ihm das kommende 19. Jahrhundert mit der Poesie nicht mehr kompatibel. Kerner bezieht solche Einsichten direkt auf die Figur des Poeten, den die *dampfestolle* Zeit, unterworfen dem Primat von Technik und Ökonomie, ins ästhetische Exil vertreibt, wo ihm nichts anderes verbleibt, als eine dunkle Zukunft vorauszuträumen. Gottfried Keller konnte sich mit dem Defätismus seines schwäbischen Kollegen nicht anfreunden. In einer prompten „Erwiderung" (1845) bekundet er sein Vertrauen in die Kraft einer Poesie, die gewiß fähig sein werde, die Errungenschaften und neuen Wirklichkeiten späterer Generationen ästhetisch zu bewältigen. Augenzwinkernd greift seine lyrische Replik Kerners Miteinander von Aeronautik und Warentransport auf, nun freilich mit Optimismus und bacchantischem Elan: „Und wenn vielleicht in hundert Jahren / Ein Luftschiff hoch mit Griechenwein / Durchs Morgenrot käm' hergefahren - / Wer möchte da nicht Fährmann sein?" Es geht nicht um unbekannte, abstrakte Warenmengen, sondern um den konkreten Nutzen des einzelnen Produkts. Der Blick des passionierten Weinliebhabers Keller durchdringt den ideologischen Schleier des Tauschwertes und verleiht der Ware wieder die Würde des Gebrauchswertes. Waltet hier vielleicht der Zauber der Antike? Der Wein stammt aus Hellas. Den Lufttransport begleitet die rosenfingrige Eos. Das edle Getränk reifte in der Obhut des Dionysos, beschienen von der Sonne Homers.

Karl Henckell
Café de la Bourse (Brüssel)

Das Café braust von Stimmen,
es summt und saust und schwirrt,
Cigarren rötlich glimmen,
Geschirr und Silber klirrt.

Weißlichter durch den Schleier
der Tabakwolken sprühn -
Fortunas heiße Freier
vor Mammonswollust glühn.

Plötzlich die Atmosphäre
zerschneidet scharf und fahl
langsam die gelbe Mähre
des Börsenfürsten Baal.

Vom Bluthund Not begleitet,
gekrönt mit gold'ner Zahl,
der Herr des Schreckens reitet
hohnlachend durch den Saal.

Des Souveräns Gewalten
dient stummen Schweigens Zoll,
der Knechte Hände falten
sich betend ehrfurchtsvoll.

Schöne neue Börsenwelt

Schon die ersten Verse scheinen das schummrige Ambiente der Vergnügungslokale um 1900 beschwören zu wollen, jener Stätten des Amüsements, wie sie in den Bildern von Renoir, Degas und Manet immer wieder zur Darstellung kommen. Toulouse-Lautrec, der die Demimonde des Montmartre zu seiner zweiten Heimat machte, blieb es schließlich mit seinen vielen Caféhaus-Bildern vorbehalten, hieraus ein eigenes Genre zu erschaffen, in einer auch heute noch überwältigenden Flut von Zeichnungen, Gemälden und Plakaten, die zu ikonographischen Mustern für viele spätere Caféhaus-Darstellungen werden sollten. All dies im Verbund mit gewichtigen literarischen Darstellungen des Sujets. Toulouse-Lautrec malt ein Phantasiebild von Georges Duroy, dem Helden von Maupassants „Bel Ami", der zu Beginn des Romans erlebnishungrig die Bistros, Cafés und Tanzlokale von Paris durchstreift. Wo immer in den Bildern und in der Literatur jener Zeit die Pariser Halbwelt zur Darstellung kommt, stets *summt und saust und schwirrt* es, stets bilden das Klingen der Gläser und das Stimmengewirr der Gäste eine diffuse Klangkulisse, die sich mit den neuen elektrischen Lichteffekten zum irisierenden Totalgemälde eines Fin de siècle – Caféhauses vereint. Wo dann noch die Cigarren *rötlich glimmen* und *heiße Freier* vor Wollust *glühn*, dort kommt jene laszive Erotik ins Spiel, ohne welche die malerischen wie literarischen Caféhaus-Bilder jener Zeit undenkbar wären.

In Henckells Gedicht gilt freilich das erotische Verlangen nicht den Grisetten und Kokotten. Die glühende Wollust entzündet sich am Geld, einem Objekt erotischer Begierde, das augenscheinlich größere Anziehungskraft besitzt als weibliche Reize. Einige Jahrzehnte später wird Bertolt Brecht diesen Tatbestand auf die knappe aber einprägsame Formel bringen: „Geld macht sinnlich." Noch heute lebt diese Einsicht in merkantiler Schwundstufe fort, im Werbespruch eines Elektromarktes: „Geiz ist geil." Schon Jahrhunderte früher gelangte Shakespeares Timon von Athen zur Erkenntnis, eine bejahrte Witwe, wenn sie nur reich sei, werde durch ihr vieles Geld zur erotisch attraktiven und begehrenswerten Maienschönheit. Eine Einsicht, die Karl Marx begierig aufgreift, wo er im „Kapital" das Geld als Kuppler deutet, der Dingen wie Menschen den Zauber des Begehrenswerten verleiht. Auch Goethes Mephisto war diese Denkfigur geläufig, und so macht er im Maskenzug des „Faust II" aus seiner Philosophie des Geldes ein drastisches und anstößiges Schauspiel. Das der Schatztruhe entnommene Gold knetet und formt der diabolische Zyniker zum Phallus, den er der gierig verschämten Volksmenge mit obszönen Gesten präsentiert. Onkel Dagobert, der Milliardär aus Entenhausen, scheint das späte Echo solcher Sexualisierung des Geldes. Mit erigiertem Bürzel stürzt er sich lustvoll in seinen mit Goldstücken prall gefüllten Swimmingpool.

An die Stelle von Froufrou und Demimonde tritt die Erotik des Geldes. Statt im Vergnügungslokal befindet man sich im Café de la Bourse in Brüssel, im nahe der Börse gelegenen Treffpunkt der Börsianer, in dem sich fast alles ums Geld dreht. Die Jagd nach erotischen Abenteuern wich ungeduldigem Warten auf die Bekanntgabe der neusten Aktienkurse. Das Begehren gilt nicht mehr dem cherchez la femme, sondern der rettenden Hausse. Doch schnell kann Lust sich verwandeln in panische Angst vor der existenzvernichtenden Baisse. Und wie andere Bereiche der Gesellschaft hat auch das Börsenwesen seine dominierenden Akteure, die erfolgreichen Spekulanten, die schließlich als steinreiche Börsenstars die Bewunderung und den Neid der weniger Erfolgreichen auf sich ziehen. Der nachgerade majestätische Auftritt eines solchen Geldmagnaten steht im Zentrum des Gedichtes. Der Triumphzug des Geldes, hier wird er zum Ereignis.

Der Einzug des *Börsenfürsten* hat sein großes literarisches Vorbild. Im Roman „L'Argent", dem 1892 erschienenen achtzehnten Teil des „Rougon-Maquart"-Zyklus, schildert Emile Zola den Auftritt des superreichen Großbankiers Gundermann im „Champeaux", einem Bistro, das sich noch heute in unmittelbarer Nähe zur Pariser Börse befindet. Das plötzliche Erscheinen des Geldmagnaten hat auf die Gäste des Lokals eine nachgerade einschüchternde Wirkung, als gäbe ein mächtiger Zauberer sich die Ehre des Besuches. Der Milliardär wird zum „Roi tout-puissant de la Bourse", zum „Maître de la bourse et du monde." Ein mit demiurgischen Fähigkeiten begabtes Finanzgenie, das nach Belieben Hausse und Baisse erzeugen kann, „comme Dieu fait le tonnerre." Vor diesem Allmächtigen der Finanzwelt klappen die anwesenden Gäste zusammen, sie bilden einen Hofstaat, dessen devote Mitglieder sich vor dem „Banquier roi" bis auf den Boden verneigen. Henckell scheint dieses imposante Gemälde noch übertreffen zu wollen. Ohne Zögern macht er aus dem Börsenfürsten den Gott Baal, jenen auch aus der Bibel bekannten Gott, der besonders in der Altertumswissenschaft des 19. Jahrhunderts den Phöniziern, einem der führenden Handelsvölker der Antike, als oberste Gottheit zugeschrieben wurde. Das Geldwesen tritt auf in mythischer Gestalt, das Echo jener fernen Zeit, in der das Münzgeld seinen Siegeszug begann.

Doch damit nicht genug. Mittels mythischer Überblendung steigert die Bildersprache den Gott des Geldes ins Apokalyptische. In fast schon expressionistischer Manier läßt sie den Börsenfürsten auf einem gelben, sprich fahlen Pferd ins Caféhaus einreiten, in deutlicher Anspielung auf den vierten apokalyptischen Reiter, von dem es in der „Offenbarung" heißt, sein Name sei Tod und die Hölle folge ihm nach. Die unterweltliche Allusion entfaltet heutzutage vielleicht noch größere Bedeutungsenergien. Immer wieder firmiert in den Nachrichten und in der einschlägigen Literatur die kriminelle Szene bzw. das organisierte Verbrechen als Unterwelt, die supranational im Schatten der globalen Macht des Geldes agiert. Auch die Dialektik des Profits kommt in metaphorischem Gewande daher. Der *Bluthund Not* ruft in Erinnerung, daß so mancher imposante Gewinn sich dem Elend ganzer Volksschichten verdankt. Im Januar 2024 berichtet die Oxfam-Studie „Inequality Inc.", daß seit 2020 das Vermögen der fünf reichsten Männer der Erde sich auf insgesamt 869 Milliarden US-Dollar vermehrt und damit mehr als verdoppelt habe. Im gleichen Zeitraum hätten die ärmsten fünf Milliarden Menschen in summa 20 Milliarden US-Dollar verloren. Schon in der Mitte des 19. Jahrhunderts hatte Friedrich Engels vergleichbare Zustände angeprangert, das Elend der englischen Arbeiterschaft, einer Menschenklasse, die „zügelloser Profitgier" ausgeliefert war. Angesichts solcher Ausbeutung, die Engels mit bewundernswerter darstellerischer Kraft in erschreckenden Beispielen schildert, sieht sich der Freund und politische Gefährte von Karl Marx sogar gezwungen, von „sozialem Mord" zu sprechen. Wenn dann Henckells Börsenfürst auf hohem Roß *hohnlachend* das Café durchquert, so zeigt sich hier jene ethische Indifferenz, jener sich zynisch gebende Mangel an Empathie, den Engels in fast schon mentalitätsgeschichtlicher Analyse der Bourgeoisie vorhält. So ist es nur folgerichtig, daß der Schluß des Gedichtes eine Art Tanz ums Goldene Kalb in Szene setzt: die quasireligiöse Anbetung des Geldes mitsamt der gottähnlichen Erscheinung des Börsenfürsten, die mit epiphanischer Gewalt das christliche Heilsversprechen verdrängt. Ohne große Mühe könnten nun die *ehrfurchtsvoll* Betenden hinüber in die nahe gelegene Brüsseler Börse pilgern, in einen Prachtbau, der mit mächtiger Säulenfront und figurenreichem Tympanon die religiöse Aura antiker Tempel herbeizitiert. Doch wer Engels gelesen hat, mißtraut dieser steinernen Kulisse. Er mag zudem sich erinnern an Adornos provozierende Bemerkung, wo man im Keller foltere, dort achte man darauf, daß das Dach auf Säulen ruht.

Henckells Gedicht gehört wohl kaum zu den kostbaren Perlen deutscher Lyrik. Schon der Vergleich mit Zola offenbarte markante ästhetische Schwächen. Zolas Bildersprache, naturalistischer Darstellung verpflichtet, macht aus Gundermanns Auftritt ein eindrucksvolles erzählerisches Impromptu, das die hieratischen Allusionen taktvoll einzusetzen weiß. Den Börsenkönig umkleidet eine sorgsam kalkulierte Metaphorik überlegenen Herrschertums, deren Symbolkraft nie in überzogenes Rubato abrutscht. Henckell hingegen, fast schon frühexpressionistisch auf knallige Wirkung bedacht, bedient sich beim Auftritt seines Geldmagnaten altbekannter mythischer Muster, die zwar schnell sich mit dem Thema Geld kurzschließen lassen, freilich um den Preis, daß die Bildersprache kaum übers Allegorische hinauskommt. Und doch können auch Werke minderer Qualität erkenntnisfördernd sein. Vor allem, wenn man sie gleichsam gegen den Strich liest und gerade ihre bedenkliche ästhetische Faktur als interessanten und aufschlußreichen fait social deutet. Am Ende des 19. Jahrhunderts standen wohl viele Autorinnen und Autoren, so sie das Thema Geld literarisch fassen wollten, vor der Frage, welche Bildersprache einem gesellschaftlichen Phänomen angemessen sei, das dabei war, sich immer mehr den Wahrnehmungsdispositiven der Alltagserfahrung zu entziehen. Henckells Börsengedicht zeugt vom angestrengten Bemühen, diesem Entschwinden noch durch mythopoetische Strategien beizukommen. Diente der Mythos doch schon immer dem Ziel, eine als unbegreiflich erfahrene Wirklichkeit mittels prägnanter Bilder und erinnerungswürdiger Erzählungen faßbar und damit verstehbar zu machen. Im Falle des Börsenwesens setzt dies freilich voraus, daß eine solche Institution noch sinnlicher Anschauung zugänglich bleibt, hatte sich doch die Welt der Aktien und Dividenden als ein System ausgebildet, dessen Funktionieren sich zunehmend in Bereiche abstrakter Informationsströme verlagert hatte. Besonders für die ökonomische Sphäre gilt Niklas Luhmanns Feststellung, das hohe Abstraktionsniveau und der enorm gestiegene Komplexitätsgrad der funktional ausdifferenzierten modernen Gesellschaft seien „mit den natürlichen Anschauungs-und Gefühlskräften der Menschen nicht mehr zu meistern." Was hier als systemtheoretische Diagnose daherkommt, hatte bereits Bertolt Brecht etliche Jahrzehnte früher ins kapitalismuskritische Exempel gefaßt: Eine Fotografie der Kruppwerke oder der A.E.G. ergäbe beinahe nichts über diese Institute, denn die eigentliche Realität sei „in die Funktionale gerutscht." Brechts „Funktionale" antizipiert ein gesellschaftliches

Phänomen, das der Soziologe J. W. Forrester später als „Counterintuitive behaviour of social systems" dingfest macht. Was früher noch sinnlicher Anschauung zugänglich war, hat sich verlagert in abstrakte systemspezifische Abläufe.

Mit mythopoetischen Strategien versucht Henckell die heiklen Seiten des Börsenwesens anschaulich zu machen. Doch nur allzu deutlich gibt das Gedicht zu erkennen, daß der traditionelle Mythenapparat unkräftig bleibt angesichts einer nur schwer faßbaren modernen Welt. Der expressionistische Dichter Georg Heym reagiert auf dieses Dilemma mit dem Versuch einer Privatmythologie. In Gedichten wie „Der Gott der Stadt", „Die Dämonen der Städte" oder „Der Krieg" präsentiert er überdimensionale, ins Visionäre gesteigerte Phantasiegestalten, die Gespenstern gleich die Menschenwelt heimsuchen und in ihr das Fanal eines endzeitlichen Feuers entzünden. Doch auch ein solches Personal, eine Art säkularisierter Götterapparat, kann nur von begrenzter Wirkung sein, war doch vor allem die Großstadt des 20. Jahrhunderts mehr und mehr, mit Brecht gesprochen, in die Funktionale gerutscht. Es dauerte noch etliche Jahrzehnte, bis dann Thomas Pynchon aus solchen Erfahrungen radikale Konsequenzen zog. Im Roman „The Crying of Lot 49" (1966) schaut die Heldin Oedipa Maas von einer Anhöhe hinunter auf die fiktive kalifornische Stadt San Narciso. In visionärer Klarheit erscheinen ihr plötzlich die wohlgeordneten Häuserreihen und Straßenzüge wie die Leiterplatte eines Transistorradios. Doch sie gelangt zur resignativen Erkenntnis, dem Blick auf diese urbane Hardware werde es nicht gelingen, deren interne, hieroglyphisch verschlüsselte Datenströme und Informationsflüsse zu erfassen und zu verstehen. Die moderne Stadt als Black Box. Frühere Zeiten hatten noch eine mythische Figur im Angebot, der man den Blick ins verborgene Innere zutraute, den Dämon Asmodeus, den hinkenden Teufel, der bei Luis de Guevara und Alain-René Lesage noch die Dächer der Häuser aufklappt und die geheimen Seiten der Menschenwelt erspäht.

Wo Henckells Gedicht die Welt der Börse darzustellen und zu deuten versucht, hat es sichtliche Schwierigkeiten, eine adäquate, dem Stand der Moderne angemessene Bildersprache zu finden. Doch gerade dieses künstlerische Manko enthält einiges an Prophetie. Das Unzulängliche der mythopoetischen Traditionsbestände läßt, wenn auch ex negativo, jenes Neue erahnen, das sich den vertrauten und gebräuchlichen ästhetischen Mustern entzieht. Der Blick auf das gegenwärtige Börsenwesen bestätigt solche Vorahnungen. Der heutige Aktienhandel ist nicht nur in die Funktionale, sondern ins Digitale gerutscht, in die Welt des computerbasierten und automatisierten High-Frequenzy-Trade, auch Algo-Trading genannt, weil hier die Algorithmen der Trading-Robots in Millisekunden Ankaufs- und Verkaufsentscheidungen treffen. In der Unsichtbarkeit dieser Datenströme, von menschlichen Akteuren nur bedingt zu kontrollieren, hätten die Finanzcondottieri Balzacs und Zolas keine Chancen mehr. An die Stelle der Nucingens und Gundermanns trat mathematical finance, die Schwarmintelligenz der spieltheoretisch miteinander kommunizierenden Algorithmen. Schon kündigen sich weitere Agenten monetärer Intransparenz an. Bitcoin, Ethereum, Ripple und andere Kryptowährungen könnten dafür sorgen, daß mit Hilfe der Blockchain-Technologie ein wichtiger Teil des Geldwesens noch tiefer ins Digitale rutscht. Und statt der Börsenfürsten herrschen nun die Hedgefonds und Investmenttrusts, gewaltige finanzielle

Konglomerate, die Tag und Nacht Billionen über den Globus verschieben. Doch vielleicht bliebe Henckell selbst heute noch ein kleiner Trost. Nach wie vor besteht das Bedürfnis fort, auch die Welt der Trusts und Fonds in vertrauten ästhetischen Mustern zu erfassen. Wo Feuilleton und Talkshow in kritischer Absicht die schöne neue Börsenwelt in den Blick nehmen, dort greifen sie oft zum Bild der Heuschrecke. Gott kommt Moses zu Hilfe und straft Pharao und Ägypten mit einer gewaltigen Heuschreckenplage. In der „Offenbarung" sind Heuschrecken mit einer zerstörerischen Macht ausgestattet, die den ganzen Erdkreis bedroht. Wie beim *Börsenfürsten Baal* und seiner fahlen Mähre sucht auch hier der laut Nietzsche allen Menschen eigene „Trieb zur Metapherbildung" sein Heil im vertrauten und anheimelnden Bilderschatz der Bibel.

Detlev von Liliencron
Trutz, Blanke Hans

Heut bin ich über Rungholt gefahren,
Die Stadt ging unter vor sechshundert Jahren.
Noch schlagen die Wellen da wild und empört,
Wie damals, als sie die Marschen zerstört.
Die Maschine des Dampfers schütterte, stöhnte,
Aus den Wassern rief es unheimlich und höhnte:
Trutz, Blanke Hans.

Von der Nordsee, der Mordsee, vom Festland geschieden,
Liegen die friesischen Inseln im Frieden.
Und Zeugen weltenvernichtender Wut,
Taucht Hallig auf Hallig aus fliehender Flut.
Die Möwe zankt schon auf wachsenden Watten,
Der Seehund sonnt sich auf sandigen Platten.
Trutz, Blanke Hans.

Mitten im Ozean schläft bis zur Stunde
Ein Ungeheuer, tief auf dem Grunde.
Sein Haupt ruht dicht vor Englands Strand,
Die Schwanzflosse spielt bei Brasiliens Sand.
Es zieht, sechs Stunden, den Atem nach innen
Und treibt ihn, sechs Stunden, wieder von hinnen.
Trutz, Blanke Hans.

Doch einmal in jedem Jahrhundert entlassen
Die Kiemen gewaltige Wassermassen.

Dann holt das Untier tiefer Atem ein,
Und peitscht die Wellen und schläft wieder ein.
Viel tausend Menschen im Nordland ertrinken,
Viel reiche Länder und Städte versinken.
Trutz, Blanke Hans.

Rungholt ist reich und wird immer reicher,
Kein Korn mehr faßt der größeste Speicher.
Wie zur Blütezeit im alten Rom,
Staut hier täglich der Menschenstrom.
Die Sänften tragen Syrer und Mohren,
Mit Goldblech und Flitter in Nasen und Ohren.
Trutz, Blanke Hans.

Auf allen Märkten, auf allen Gassen
Lärmende Leute, betrunkene Massen.
Sie ziehn am Abend hinaus auf den Deich:
Wir trotzen dir, Blanker Hans, Nordseeteich!
Und wie sie drohend die Fäuste ballen,
Zieht leis aus dem Schlamm der Krake die Krallen.
Trutz, Blanke Hans.

Die Wasser ebben, die Vögel ruhen,
Der liebe Gott geht auf leisesten Schuhen.
Der Mond zieht am Himmel gelassen die Bahn,
Belächelt der protzigen Rungholter Wahn.
Von Brasilien glänzt bis zu Norwegs Riffen
Das Meer wie schlafender Stahl, der geschliffen.
Trutz, Blanke Hans.

Und überall Friede, im Meer, in den Landen.
Plötzlich wie Ruf eines Raubtiers in Banden:
Das Scheusal wälzte sich, atmete tief,
Und schloß die Augen wieder und schlief.
Und rauschende, schwarze, langmähnige Wogen
Kommen wie rasende Rosse geflogen.
Trutz, Blanke Hans.

Ein einziger Schrei – die Stadt ist versunken,
Und Hunderttausende sind ertrunken.
Wo gestern noch Lärm und lustiger Tisch,
Schwamm andern Tags der stumme Fisch.
Heut bin ich über Rungholt gefahren,
Die Stadt ging unter vor sechshundert Jahren.
Trutz, Blanke Hans?

Geldflut und Sturmflut

In Theodor Storms Novelle „Eine Halligfahrt" besteigt der Ich-Erzähler, begleitet von Tante und Cousine, ein kleines Schiff, das die Ausflügler von der nordfriesischen Küste zu einer der Halligen bringen soll. Nach einstündiger Fahrt, schon weit hinausgetrieben „auf der breiten Meeresflut", hört man plötzlich den Ruf des Kapitäns: „Rungholt". Die „Wohlfahrt", so der an den Lebensschiff-Topos gemahnende Name des Schiffes, passiert jene Stelle, wo der Sage nach vor Jahrhunderten die Stadt Rungholt einer Sturmflut zum Opfer fiel und seitdem tief versunken auf dem Meeresgrunde ruht. Der Erzähler nimmt die Gelegenheit wahr, seinen Begleiterinnen Auskunft über die Rungholt-Sage zu geben: Die gewaltige Flutkatastrophe sei eine Art Sintflut gewesen, ein biblisches Strafgericht, verhängt über die wohlhabende Handelsstadt, deren Einwohner noch dem Heidentum anhingen und den Christengott verhöhnten. Er erwähnt dabei auch jene blasphemische Untat, von der fast jede Rungholt-Sage berichtet. Einige Männer von Rungholt sollen einen christlichen Priester gezwungen haben, einer kranken Sau das Abendmahl zu spenden. Der historische Kern der Naturkatastrophe muß wohl gesucht werden in der Zweiten Marcellusflut des Jahres 1362, die weite Teile der damaligen nordfriesischen Küste ein für alle Mal versinken ließ, mitsamt einer beträchtlichen Anzahl von Dörfern. Sehr bald ging dieses Ereignis als „Grote Mandränke" und als göttliches Strafgericht in den Sagenschatz jener Region ein. Volksglauben und andere literarische Formen konnten sich dabei auf bekannte archetypische Muster beziehen. Die Bibel berichtet von der Sintflut, die Antike kennt das untergegangene Atlantis. Eine keltische Legende erzählt von der Stadt Ys, die vor der bretonischen Küste in den Fluten verschwand. In späteren Zeiten raunt so manche Sage von der Stadt Vineta, die in der Ostsee versunken sein soll. Wilhelm Müllers seinerzeit vielgelesenes „Vineta"-Gedicht verhalf diesem Thema zu einer literarischen Wirkung, deren Echo noch in Theodor Fontanes „Effi Briest" und in Oskar Loerkes Vineta-Novelle nachhallt. Nicht zuletzt spielt Heinrich Heines Gedicht „Seegespenst" ironisch mit den Versatzstücken des schaurig-schönen Motivs von der versunkenen Stadt.

Theodor Storm, der profunde Kenner friesischer Sagen, verbleibt mit seiner Deutung noch weitgehend im volksläufigen Kontext der Rungholt-Sage und deren Betonung des göttlichen Strafgerichtes, das die Ungläubigen und die Gotteslästerer heimsucht. Liliencrons Gedicht, geschrieben 1882/83, ein gutes Jahrzehnt nach Storms Hallig-Novelle, setzt nun neue Akzente. Es betont den immensen Reichtum der Handelsstadt. Zwar erwähnen auch die meisten Rungholt-Sagen den materiellen Wohlstand der Gemeinde, doch derlei Hinweise verfolgen weitgehend den Zweck, Größe und Umfang des durch die Sturmflut angerichteten Schadens anzudeuten. Bei Liliencron hingegen findet die blasphemische Untat keine Erwähnung mehr, stattdessen wird das Geld mitsamt seinen Folgewirkungen zum zentralen Bedeutungsträger des Gedichtes: *Rungholt ist reich und wird immer reicher.* Reichtum erscheint wie ein unabschließbarer Prozess, der nie zum Ende, der nie an eine Grenze kommen wird. Dessen reales wie symbolisches Indiz sind die Getreidespeicher, von denen selbst der größte die Menge des herbeigeschafften Korns nicht zu fassen vermag. Eine bis ins kollektive Begehren wirksame Entgrenzung, vorangetrieben von der dem Geldprinzip inhärenten Tendenz zum ‚Immer Mehr', zum ungehemmten Wachstum, zur permanenten Anhäufung von Kapital und Gütern. Dem entspricht der übers Regionale hinausgreifende Warenverkehr, der Rungholt in den Rang einer international agierenden Wirtschaftsmetropole erhebt, die sogar den Vergleich mit dem alten Rom nicht scheuen muß. Das pulsierende städtische Getriebe, der *Menschenstrom* in den Straßen, die aus Afrika und dem Nahen Osten herbeigeholten Arbeitskräfte, all dies zeugt von Rungholts höchst lukrativer Partizipation am Welthandel. Es zeigen sich erste Spuren der Allianz von Globalisierung und Kolonialismus.

Wer in solchem Wohlstand lebt, der mag leicht glauben, er sei unverwundbar und keine Gefahr könne mehr drohen. Wo die lärmenden und betrunkenen Massen sich zur Abendstunde auf dem Deich einfinden und gegen das Meer *drohend die Fäuste ballen*, dort entartet menschliche Selbstbehauptung zum *Wahn*, man könne einen siegreichen Kampf gegen die Natur bestehen. Dessen prägnante Formel bietet der titelgebende Refrain *Trutz, Blanke Hans*. Für solche Hybris läßt sich kein besseres Bild finden als das des Deiches. Der in kollektiver Anstrengung mit Erfindergeist und technischem Geschick errichtete Grenzwall zwischen Menschenwelt und Ozean weckt in den Einwohnern Rungholts die Illusion, man könne im Schutze dieses Bauwerkes sicher leben, ohne Rücksichtnahme auf die elementare Natur. Goethes Faust gibt sich noch kurz vor seinem Tode ähnlichen Hoffnungen hin. Hartnäckig verfolgt er sein ehrgeiziges Landgewinnungsprojekt an der Meeresküste, getrieben vom Wunschtraum, den Wellen „ihre Grenzen" zu setzen und das Meer „mit strengem Band" zu umziehen. Storms Schimmelreiter Hauke Haien wird später auf den Spuren Fausts wandeln und ein ähnliches Projekt in Angriff nehmen. Doch beiden Deichbaumeistern bleibt der Erfolg versagt. Faust verstirbt noch vor der Vollendung seines Werkes. Hauke Haiens Schutzwall gegen das Meer fällt einer gewaltigen Sturmflut zum Opfer. Die Bewohner Rungholts erliegen der gleichen Verblendung wie Faust und der Schimmelreiter. Das Wort *Nordseeteich*, mit Hohn und übermütigem Spott dem Meere entgegengeschleudert, faßt wie ein Brennspiegel die ganze Hybris des Refrains *Trutz, Blanke Hans* zusammen. Es geht um den Kampf des Menschen gegen das Erhabene. Die unendliche Weite des Meeres, in Caspar David Friedrichs Bild „Mönch am Meer" zur romantischen Ikone geronnen, diente schon der antiken Hypsos-Debatte als bevorzugtes Anschauungsmodell für die Bedeutung und die Wirkung des Erhabenen. Spätestens seit Kant weiß man, daß die Erfahrung des Erhabenen unabdingbar ist, wo es darum geht, den Sinn fürs Unverfügbare und für die Transzendierungspotentiale der einzelnen Subjekte zu wecken. Kant verweist in diesem Zusammenhang explizit auf den schrecklich-schönen Anblick des grenzenlosen Ozeans. Wo man jedoch die unendliche Weite des Meeres metaphorisch zum Teich verkleinert, sie einzuengen sucht, ihr im wörtlichen Sinn Grenzen setzt, dort verschwindet die Scheu vor der übermächtigen Natur. Daß solche Hybris ausgerechnet die Bewohner einer prächtigen und florierenden Handelsstadt befällt, kommt nicht von ungefähr, setzt man hier doch blind auf einen stetig wachsenden Reichtum und auf die tendenziell unbegrenzte Akkumulation von Kapital und Gütern. Die kollektiv verinnerlichte monetäre Entgrenzung erzeugt im Fühlen und Denken der Rungholter eine neue Kategorie des Unendlichen, die nun an die Stelle des natürlich Erhabenen tritt. Verglichen mit diesem Immer Mehr kann der weite Ozean nur noch als klein, als Teich gedacht werden. Das kausale Miteinander von ökonomischem Unendlichkeitsanspruch und dem Willen zur Einhegung der Natur macht schon Goethe zum Thema des „Faust II". Der alte Faust, erpicht auf Deichbau und Meeresbegrenzung, arriviert nicht zufällig zum erfolgreichen Handelsmann, dessen Schiffe „reich und bunt beladen" heimkehren, mit „Erzeugnissen fremder Weltgegenden". Zuvor schon gab Friedrich Schiller in seinem Gedicht „Der Antritt des neuen Jahrhunderts" diesem Thema genauere historische Konturen. Mit erstaunlicher Hellsicht lenkte er die Aufmerksamkeit auf einen im 19. Jahrhundert expandierenden britischen Welthandel, der in seiner globalen Ausrichtung die Unendlichkeit der Ozeane in einen geschlossenen und damit endlichen Wirtschaftsraum zu verwandeln sucht. Der Brite, so Schillers Besorgnis, schicke mit seinen Handelsflotten sich an, das weite Meer zu „schließen wie sein eigenes Haus." Das ökonomische mare nostrum des Frühkapitalismus.

Die Menschen werden blind fürs Elementare. Faust steht zum Schluß als Blinder da. Die hybride Selbstüberhebung treibt den Bewohnern der nordfriesischen Handelsstadt die Fähigkeit aus, die Übergewalt des Meeres als eine Bedrohung wahrzunehmen, die jederzeit Realität werden kann. Man weidet sich an der trügerischen Unendlichkeit des stetig wachsenden Wohlstandes und nicht am Übermaß der erhabenen Natur. Der immense Reichtum legt über die *protzigen Rungholter* den Bann einer Verblendung, die als Massenphänomen, als kollektiver *Wahn* in Erscheinung tritt. Schon Homers Epen kennen das Phänomen der Ate, der wahnhaften Verkennung der Wirklichkeit, freilich nur, wie im Falle Ajax, als tragisches und beklagenswertes Einzelschicksal. Schiller erweitert im „Lied von der Glocke" solchen Befund zum Massenphänomen, wenn er, mit Blick auf die Exzesse der französischen Revolution, das bittere Fazit zieht, der schrecklichste aller Schrecken sei „der Mensch in seinem Wahn". Richard Wagner läßt im Wahnmonolog der „Meistersinger" seinen Hans Sachs auf ein Saeculum schauen, in dem „alles Wahn" wurde, als wüßte der dichtende Schuster um Hegels harsches Diktum, die Weltgeschichte sei nicht der Boden des Glücks. Liliencron rückt solche Einsichten in eine ferne olympische Perspektive, deren Distanz und Indifferenz es erlauben, gleichgültig auf das wahnhafte Treiben der Menschen hinunterzublicken. Von himmlischer Fürsorge und Anteilnahme keine Spur. Gottvater, der *liebe Gott* so vieler traulicher Kindergebete, scheint sich *auf leisesten Schuhen* davonzustehlen. Der Mond, bei Eichendorff der Erde noch mit stillem zärtlichem Kuß zugetan, zieht *gelassen die Bahn*, als ginge ihn dort unten der Jahrmarkt menschlicher Eitelkeiten nichts mehr an. So kann dann auch der Untergang nur ein gemeinschaftlicher und totaler sein: *Ein einziger Schrei*. Von der stolzen Handelsmetropole und ihrem Lärm bleibt nur noch der ins akustische Extrem gesteigerte kollektive Gestus kreatürlicher Angst. Die Gesichtslosigkeit der anonymen Menschenmassen macht es überflüssig, Rungholts Untergang in einem Panorama individueller Einzelschicksale zu vergegenwärtigen.

Liliencrons Verse präsentieren das Meer in doppelter Perspektive. Die *protzigen Rungholter* belegen die Fluten mit dem Namen *Hans*, eine Form anthropomorpher Aneignung und Inbesitznahme, die Menschliches zum Maß der Dinge macht und jenes Unnennbare und Nichtidentische verfehlt, das dem Anspruch auf unvermittelte Weltaneignung per se unverfügbar bleibt. Solchem Naturverhältnis mußte sich zwangsläufig jenes verengende Bild der Wirklichkeit

190

zugesellen, das im gewaltigen Ozean nur noch den Teich zu sehen vermag. Der wahnhafte hybride Wille zu totaler Naturbeherrschung verebbt im kläglichen Kleinformat. Nur im Diminutiv sieht er das große Ganze. Gegen solche Verblendung steht die gedanklich weiträumige Perspektive des Poeten, der sechshundert Jahre später das Meer über der versunkenen Handelsstadt befährt. Bei ihm keine Rede vom *Nordseeteich*, sondern von der Nordsee als *Mordsee.* Auch dies ein anthropomorphes Deutungsmuster, nun freilich geprägt von der Bereitschaft zu scheuem Anerkennen, durchsetzt mit den Spuren von Angst und Schauder. Doch selbst diese Vorstellung bleibt unkräftig angesichts einer übermächtigen Natur, deren Beschreibung zu weit intensiveren Bildern greifen muß. Wo von *weltvernichtender Wut* die Rede ist, gerät menschliche Phantasie an die Grenzen des Anthropomorphen, sie betritt Bezirke, die nur noch archaischer Mythopoetik faßbar sind. Die Einbildungskraft gebiert eine Art vorsintflutliches *Ungeheuer*, ein *Untier*, dessen schiere Größe und dessen gewaltiger Aktionsradius menschliches Maß zu übersteigen drohen. In riesiger transkontinentaler Dimension präsentieren sich die Archetypen des Leviathan und des Drachen, jene Phantasiegebilde, zu denen menschliche Einbildungskraft so oft greift, wenn es gilt, den Schauder angesichts einer alles überwältigenden Naturmacht ins Bild zu fassen. Und doch erscheinen die gewaltigen Fluten des Atlantiks nicht als das dem Menschen feindlich gesinnte Naturböse. Was auf den ersten Blick so gefährlich anmutet, für Kant „der grenzenlose Ozean in Empörung", hier ist es ein natürliches Atemholen, eingebettet in jenes Wechselspiel von Systole und Diastole, das allem Leben und allen Geschöpfen der Erde von jeher als ewiger und universeller Rhythmus innewohnt.

Zum Schluß des Gedichtes kehren die Anfangszeilen wieder: *Heut bin ich über Rungholt gefahren*. Glanz und Elend der reichen Handelsstadt präsentieren sich in einem erzählerischen Rahmen, der auf subtile Weise mit den Kategorien Zeit und Raum spielt. Das lyrische Ich, personal anwesend nur zu Beginn und am Schluß, schlüpft in die Rolle des Erzählers, der aus epischer Distanz von den Erlebnissen eines sich neigenden Tages berichtet. Die Dimension der Zeit präsentiert sich auf zwei Ebenen. Hier die gegenwärtige Präsenz des Erzählers, der noch vor wenigen Stunden das Meer befuhr. Dort die Evokation des Vergangenen, einer Stadt, die *vor sechshundert Jahren* in den Fluten versank. Dem korrespondiert das raumsymbolische Setting. Das Heute präsentiert sich an der Oberfläche des Meeres. Das Gestern hingegen, die versunkene Stadt, findet weit drunten in der Tiefe seinen Ort. Das mit der ersten Zeile erstellte Denkbild zielt somit auf jene Doppelbedeutung, die der Metapher der Tiefe untrennbar zugehört: Die Tiefe der Zeit und die Tiefe des Raumes. Jahrhunderte ragen hinein in die Gegenwart, dem poetischen Blick wird die Oberfläche transparent für die Anmutungen einer früheren Welt. Das Gegenwärtige, das Heute vernimmt den Anruf der Vergangenheit.

Dieser Anruf ist zugleich ein Warnruf. Der übermütige Refrain *Trutz, Blanke Hans* setzt zwar den Schlußakkord des Gedichtes, nun freilich versehen mit einem bänglichen Fragezeichen und nicht, wie in allen bisherigen Strophen, mit einem stolzen und apodiktischen Punkt. Ein offener Schluß, der Anlaß geben mag, das Schicksal der reichen Handelsmetropole ins Zukünftige weiterzudenken. Dies umso mehr, als so manche Befindlichkeit des stolzen Rungholt sich mühelos auf spätere Epochen, sogar auf die heutige Zeit beziehen ließe. Das lärmende Massenphänomen Großstadt macht sich als Signatur von Rungholt bemerkbar, ein Echo der New York–Gedichte, in denen Liliencron wenige Jahre zuvor das „Schreien, Stoßen, Fluchen, Treiben" der amerikanischen „Riesenstadt" poetisch zu vergegenwärtigen suchte. Den vielleicht aktuellsten Bezug mag man im *Wahn* und in der kollektiven Verblendung der *protzigen Rungholter* finden. Eine reiche Stadt in Feierlaune und im Konsumrausch, eine Wohlstandsgesellschaft, die sich in trügerischer Sicherheit wiegt. Ein Gemeinwesen, das die Zeichen der Zeit nicht zu erkennen vermag und schließlich Opfer jener elementaren Natur wird, der es sich in hybrider Selbsteinschätzung überlegen glaubt. Heute wetterleuchtet die Gefahr, daß bei steigendem Meeresspiegel, verursacht durch die klimaschädlichen Exzesse des entfesselten globalen Marktes, einige der reichsten Küstenstädte dieser Erde das Schicksal Rungholts teilen könnten.